KB259956

중국의 자본가들

배연해 지음

국립중앙도서관 출판시도서목록(CIP)

중국의 자본가들 / 배연해 지음. -- 파주 : 한울, 2004

　　p. ;　　cm

ISBN　89-460-3207-3　03320 : \10000

320.912-KDC4

330.951-DDC21　　　　　　　　　　CIP2004000261

머 리 말

중국을 막연한 호기심으로 바라보던 시기는 이미 지나갔다. 특히 경제적으로 중국은 생산기지로서든 시장으로서든 세계에서 가장 주목받는 나라로 떠올랐다. 그런 만큼 중국은 세계의 대표적인 다국적기업들이 격렬하게 경쟁하는 사활적인 경제 전쟁터가 됐다.

중국의 변화를 따라잡는 것은 국가나 기업을 막론하고 선택이 아니라 필수가 됐다. 한발 더 나아가 변화의 과정 속에서 중국을 이해하고, 그 변화를 앞서가는 것이 숙명적인 과제가 됐다. 하지만 이 대목에서 우리는 장벽에 부딪히게 된다. 도대체 중국을 어디서부터 접근하고 이해해야 할까?

중국은 거대하다. 세계인구의 21%에 이르는 13억의 사람들이 전세계 육지면적의 8%에 이르는 땅덩이 위에서 집약적인 열기를 뿜어낸다. 그러나 중국을 이해하기 어렵게 만드는 것은 규모만이 아니다. 오히려 지역적·문화적 다양성과 1978년 개혁개방 이후 보여준 역동성이 중국의 변화를 파악하기 어렵게 만드는 진정한 원인이다.

우선 역동성을 보자. 중국은 1978년 개혁개방 이후 20여 년간 세계적으로 유례를 찾기 어려울 정도로 지속적인 고도성장을 해왔다. 이러한 고도성장에 대해서는 중국인 스스로도 놀라워하고 있다. 상하이(上海) 같은 급성장 지역에서는 택시기사들조차 변화를 따라잡기 어렵다고 말한다. 각종 개발과 건축으로 도시지형이 빠른 속도로 달라지기 때문이다. 외국인이 중국의 변화를 따라잡기는 당연히 더 어려울 수밖에 없다.

역동성은 다양성과 맞물려 중국의 진정한 모습을 더욱 모호하게 만든다. 역동성과 다양성은 동전의 양면을 이룬다. 경제적 측면에서 중국은 하나의 국가로 보기 어려울 정도로 커다란 지역적 격차를 보인다.

중국 학계에서는 중국 안에 제1세계와 제2세계, 제3세계, 제4세계가 공존한다고 말한다. 상하이와 베이징(北京), 광저우(廣州) 등 연안지역 대도시의 중심지는 이미 선진국 수준에 근접해 있다. 반면 광대한 중서부지역 농촌은 여전히 세계 최빈국 수준에 가까운 저개발상태에 머물러 있다.

경제수준뿐 아니라 경제·사회제도와 그 제도의 운용수준에 있어서도 지역에 따라 엄청난 격차를 보인다. 성과 직할시를 비롯한 각급 지방정부의 자율성이 강하기 때문이다. 경제가 발전한 연안지역은 세계화 노력을 통해 각종 제도를 글로벌 스탠더드에 맞춰왔지만, 중서부 낙후지역은 여전히 사회주의적 틀을 벗지 못하고 있는 것이다.

지역적 다양성과 함께 인적 다양성도 매우 강하다. 광대한 농촌지역에서는 초등학교(小學)와 중학교(初中)의 9년제 의무교육이 제대로 실시되지 않는 곳이 허다하다. 당연히 고급인력과 두뇌가 절대적으로 부족하다. 하지만 연안지역 대도시는 판이하다. 연안지역 대도시와 각급 개발구(開發區)에는 미국 등 선진국에서 유학한 우수한 두뇌들이 대거 포진하고 있다.

개혁개방 이후 유학을 떠났다가 귀국한 이들 해귀파(海歸派)는 2002년 말까지 15만 명에 이른다. 2000년부터 미국 IT산업이 불황에 빠지고 중국정부가 인재확보를 위해 조직적으로 손을 내밀면서 유학생들의 귀국은 더욱 느는 추세다. 해귀파들은 그저 빈손으로 귀국하는 것이 아니다. 미국 실리콘밸리 등 선진지역에서 습득한 경영 노하우와 기술, 인적 네트워크, 투자자금과 함께 들어온다.

역동성과 다양성을 무시하고 중국을 이해할 수 없다면, 중국의 변화를 가장 효과적으로 파악할 수 있는 방법은 무엇일까. 비결은 바로 엘리트를 이해하는 것이다. 중국은 많은 인구를 가진 탓에 전통적으로 일반민중과 대비되는 엘리트계층의 영향력과 차별성이 강했다. 개혁개방 이후에도 사정은 크게 다르지 않다.

중국은 13억의 거대한 인구를 갖고 있지만 이 중에서 엘리트의 비율은 그리 높지 않다. 중국의 변화를 따라잡기 위해서는 중국을 움직이는 엘리트집단과, 앞으로 엘리트집단에 가세할 잠재적 세력을 이해해야 한다. 이들 엘리트야말로 우리가 직접, 그리고 가장 밀접하게 상대해야 할 존재다.

이 점은 비즈니스 측면에서도 마찬가지다. 중국에서 효과적인 비즈니스를 하기 위해서는 중국 자본주의의 발전을 선도하는 경제 엘리트집단을 이해해야 한다. 협력상대로서든, 경쟁상대로서든, 주력 소비계층으로서든, 중국 경제 엘리트집단은 한국 기업과 기업인의 진정한 카운터파트(counterpart)이기 때문이다.

그렇다면 현재 중국의 경제 엘리트집단과 앞으로 여기에 가세할 잠재적 엘리트집단은 누구일까? 이들은 어떤 특성을 갖고 있고, 어떤 사회정치적 환경 속에서 존재하고 있을까?

자본주의 중국에서 경제를 이끄는 미시적인 힘은 부자에서 나온다. 부자는 곧 자본가다. 공산당은 자본가에 대한 공식 명칭으로 이념적으로 중립적 이미지를 풍기는 기업가(企業家)를 사용한다. 시장경제 정책을 채택했지만 사회주의이념 자체를 버릴 수는 없기 때문이다. 하지만 공산당이 아무리 기업가란 이름으로 자본가를 은폐하려 하더라도 자본가는 자본가일 수밖에 없다.

중국이 시장경제를 시작한 이상 자본가의 존재는 부정할 수 없다. 중국의 자본가는 서구 자본주의사회의 자본가와 마찬가지로 자본의 운동법칙을 따른다. 그들은 자본의 운동법칙 속에서 끊임없이 자본의 증식을 추구하는 존재다.

하지만 중국 자본가는 서구 자본가와 꼭 같지는 않다. 중국 자본가는 중국에 특유한 정치사회적 틀 위에서 행동한다. 이는 곧 계획경제에서 시장경제로 거대한 체제변화를 겪고 있는 중국의 상황을 말한다. 이것은 공산당이 강력한 정치적 지배력을 행사하는 상황과 맞물려 있다. 이렇게 중국에 특유한 틀 위에서 부를 축적해온 자본가집단은 독특한 성격을 갖는다.

중국 자본가는 정치와 특이한 이중적 관계를 맺어왔다. 중국에서 자본과 정치의 관계는 서구사회에서는 찾아보기 어렵다. 중국의 자본가집단은 정치와 가장 구분되는 존재이면서, 동시에 정치와 가장 밀접한 존재이기도 하다.

오늘날 중국의 자본가를 만든 힘은 정치였다. 중국의 자본가는 중앙정부 및 지방정부의 각급 정치엘리트와 맺고 있는 비공식적 관계가 긴밀하면 할수록 더 빨리 부를 축적했다. 계획경제에서 시장경제로의 체제 이행과정에서 국가가 시장으로 이양한 국유재산을 재빨리 이용하고 가로챈 사람들이 먼저 부자가 되고, 나아가 자본가로 부상했다. 여기서 정치엘리트와의 결탁은 자본가가 성장하는 데 필수적인 덕목이었다.

하지만 자본가는 결코 정치권력 자체를 가질 수는 없었다. 앞으로도 당분간은 그럴 것이다. 정치권력은 필요할 때는 언제든지 자본가를 한순간에 넘어뜨릴 수 있다. 그렇다고 공산당이 모든 자본가들을 한꺼번에 붕괴시킬 수 있는 것은 아니다. 시장경제의 필수 존재인 자본가를 모두 무너뜨린다는 것은 시장경제의 포기를 의미하기 때문이다.

중국 자본가집단이 정치와 맺고 있는 이러한 이중적 관계는 중국경제에도 이중적 결과를 초래했다. 한편으로는 급속한 경제발전을 이룩했지만, 또 한편으로는 경제질서에 엄청난 문제를 배양했다. 경제운행의 건강성을 보장할 제도가 없는 상황에서 자본가들은 성장을 위해 온갖 불법과 편법을 동원했다. 권력이 부여한 특혜는 오늘날 중국 자본가의 성장비결이었다.

중국 자본주의의 폐해로 흔히 '4개의 문제'가 지적된다. '문제자본가', '문제제도', '문제환경', '문제관료(권력)'가 그것이다. 자본가들이 경제제도와 경제환경의 공백 속에서 권력과 결탁함으로써 자본을 축적했다는 의미다. 중국경제의 건전한 발전을 위해서는 자본가의 체질개선이 필수적이다. 하지만 이것은 제도와 경제활동의 환경, 권력의 개혁이 함께 이뤄지지 않는다면 불가능하다.

21세기 벽두 지구촌경제가 거대한 사막으로 변하고 있다면, 중국은 사막 한가운데 서서 푸르름을 과시하는 오아시스처럼 보인다. 불황의 늪에 빠진 세계경제 속에서 유독 중국경제만 성장의 동력을 잃지 않고 있다. 2002년 세계 경제성장률은 3%에 못 미쳤지만 중국의 성장률은 8.7%였다.

중국경제의 지속적인 성장은 이제 세계경제를 떠받치는 불가결한 요소로 인식되게 됐다. 중국경제마저 침체된다면 세계경제는 더욱 깊은 슬럼프에 빠져들 것이란 위기론조차 나오고 있다. 세계경제의 불황은 역설적으로 21세기 중국의 대국화를 앞당기는 것 같다.

미국은 IT경기가 식으면서 경제침체에 빠졌고, 일본은 거품경제 붕괴의 후유증에서 10년 이상 허덕이고 있다. 유럽은 21세기 들어서도 여전히 고실업률과 저성장률의 늪에서 벗어날 기미를 보이지 않는다. 중국과 여타 대국들과의 상대적인 경제성장률 격차가 상당기간 계속된다면 중국이 세계에서 차지하는 경제력의 비중은 가속적으로 커질 것이다.

세계경제에서 중국경제의 위치는 현단계에서는 그리 높지 않다. 2002년 세계 총무역에서 중국이 차지한 비율은 5% 남짓에 그쳤다. 20%에 가까운 미국에 비하면 아직 어린아이나 마찬가지다. 하지만 문제는 속도다. 중국이 뛰고 있는 사이에 미국이 걷고 일본이 긴다면, 지금의 상대적 격차는 급속히 축소될 것이다. 중국경제가 미국에 비해 매년 4~5% 빠르게 성장할 경우, 앞으로 20년 정도면 양국의 국내총생산(GDP) 규모는 평형을 이룰 전망이다.

하지만 지금까지 순조롭게 발전해왔다고 해서 앞으로도 그럴 것이란 보장은 없다. 성장의 관건은 중국의 경제사회 제도와 이 제도 아래서 움직일 자본가집단에 있다. 제도의 성숙과 자본가의 건강성이 상승 작용하지 않는다면 중국의 성장은 정체될 것이다. 성장이 정체되면 중국은 위기를 맞게 될 가능성이 높다.

지금까지 중국은 성장하기에 바빴다. 국가권력은 시장경제를 실질적으로 이끌어갈 자본가집단을 필요로 했다. 국가권력은 또 자본가집단에 대해서는 질적 성장보다는 양적 성장을 우선 요구했다. 자본가집단은 국가권력의 이러한 방향성이 초래한 틈새를 이용했다. 하지만 앞으로도 국가권력과 자본가집단의 비정상적인 관계가 계속 용인될 것으로 보기는 어렵다.

내부적으로는 갈수록 확대되는 빈부격차와 높은 실업률로 인한 인민의 불만이 문제다. 상대적 박탈감에 빠진 이들은 권력과 자본의 기형적 결합을 더 이상 관용하지 않는다. 인민대중에게 부자와 자본가는 부러움의 대상일 뿐 존경의 대상은 아니다.

외부적으로는 2001년 12월 11일 세계무역기구(WTO)에 가입함으로써 게임의 룰이 바뀌게 됐다. 중국은 WTO 가입을 통해 스스로를 세계 자본주의체제에 편입시켰다. WTO는 중국에 대해 국제적 기준을 똑같이 적용할 것을 요구한다. 중국은 이제 국제적인 게임의 룰이 강요되는 상황에서 국가권력과 자본가가 관계하는 방식을 개혁해야 하는 부담을 안게 됐다.

WTO 가입으로 중국이 제2의 개혁개방을 맞이함에 따라 20여 년간 성장해온 중국의 부자와 경제 엘리트집단도 자기변신을 꾀해야 할 길목에 서게 된 것이다. 더욱이 시장경제 틀 속에서 성장하고 있는 중산층은 중국경제의 새로운 활력소로서 경제엘리트의 건강성을 높일 자극제가 될 전망이다.

중국의 경제 엘리트집단이 변화에 직면하게 된 만큼, 이들을 보는 우리의 시각도 당연히 변해야 한다.

이 책은 모두 6부로 나누어진다. 1부는 개혁개방 이후 출현한 중국의 부자와 부의 성격을 소개했다. 2부는 중국 자본주의를 이끄는 사영기업인들의 일반적 성향을 다룸과 동시에 이들을 화교기업인과 비교했다. 3부는 중국의 대표적인 사영기업인 6명을 선별해 기업 성장과정과 경영철학을 분석했다. 4부는 비즈니스환경의 미시적 측면으로 중국 특유의 꽌시(關係)를 파헤쳤다. 또한 몰락한 거대 사영기업인의 사례와 사영기업에 대한 정부의 태도변화를 통해 중국 비즈니스환경의 거시적 측면을 다뤘다. 5부는 자본가가 폭리를 통해 성장할 수 있었던 제도상의 문제와 함께 세계화운동을 통한 중국의 경제제도화 노력을 알아보았다. 6부는 새로운 사회집단으로 등장한 중산층의 성격과 정치경제적 의미를 분석하고 전망했다.

이 책으로 중국 자본주의를 이끌어가는 핵심역량인 부자와 중산층에 대한 관심과 이해를 다소라도 높일 수 있다면 저자는 만족이다.

차례

중국의 부자와 부자의 비밀

부자가 중국 경제의 진정한 주인

중국의 부자는 6,000만 명이 넘는다. 부자의 기준은 경제발전의 수준에 따라 나라마다 다르겠지만, 적어도 중국의 기준으로는 그렇다. 이미 한국 인구보다 많아진 중국의 부자는 무서운 속도로 증가하고 있다.

중국의 부자는 개혁개방 이후 새롭게 출현한 집단이다. 20여 년에 걸친 시장경제 형성과정의 수혜자들이다. 그런데 중국의 부자는 양적 규모에도 불구하고 질적 성숙도는 선진국에 비해 낮다고 보아야 할 것이다. 시장경제의 역사가 짧은 데다 경제사회적 제도화가 제대로 이뤄지지 않은 환경 속에서 부자들이 성장했기 때문이다.

당연히 부자들 중에는 법과 제도의 회색지대를 교묘히 이용한 사람들도 많다. 그렇다고 중국의 부자를 모두 사기꾼, 착취자로 볼 수는 없다. 개혁개방과 시장경제 정책에 한발 앞서 나가거나 재빨리 적응한 사람들이 먼저 부자가 됐기 때문이다. 때때로 불법과 적법을 구별할 수 있는 준거기준이 없는 상황에서 돈을 향해 달려간 것이다.

양적 변화가 질적 변화를 가져온다면 부자는 중국을 변화시킬 핵심적 요인이 될 것이다. 중국의 부자가 앞으로 시장경제를 살찌우는 요인이 될지, 아니면 무자비한 기생적 존재가 될지는 두고볼 문제다.

1. 한국 인구보다 많은 중국 부자

중국에서는 어떤 사람들을 부자로 부를까? 어느 정도 벌어야 부자에 포함되고, 얼마나 재산을 갖고 있어야 부자로 분류될까? 어떤 사람들이 부자의 대열에 합류하고 있을까?

부자(富人)에 대한 중국정부의 공식 명칭은 '고수입자 집단'이란 의미의 '고수입인군'(高收入人群)이다.

부자는 '높은 수입을 갖는 사람'을 뜻하지만, 부자에 포함될 수 있는 사람의 수입기준을 얼마로 할지에 대해서는 중국 내에서도 명확한 기준이 없다. 이에 따라 정부 각 기관은 물론이고 각 지방정부도 기관별 목적이나 현지의 상황을 고려해 고수입자의 기준을 달리 정하고 있다.

고수입자의 기준은 절대적 성격과 상대적 성격을 동시에 갖고 있다. 예를 들어 월수입 10만 위안 이상 또는 100만 위안 이상을 기준으로 정한다면 어느 정도 절대적 기준이라 할 수 있다. 하지만 이것은 여기에 포함되는 사람이 극히 제한적이라 보편성을 갖기 어렵다.

수입은 또 지역에 따라 가치에서 가변성을 갖는다. 동부 연안의 경제가 발달한 지역과 중서부 저개발지역의 물가나 생활수준이 크게 다르기 때문이다. 베이징에서 월 1만 위안 소득자라면 큰 부자라 보기는 어렵지만, 중서부지역 농촌에서는 대단한 수입을 거두는 사람이라고 할 수 있다.

따라서 중국정부는 고수입자의 기준을 정할 때 기본적으로 농촌을 제외한 도시지역 거주자를 대상으로 한다. 아울러 부자에 관한 실제조사를 벌일 때는 도시 중에서도 베이징(北京), 상하이(上海), 광저우(廣州), 톈진(天津) 같은 대도시를 주요대상으로 한다.

2003년 5월 26일 중국 건설부 발표에 따르면 2002년 말 현재 인구 20만 이상의 전국 도시는 모두 660개다. 이들 도시의 총인구는 3억 5,344만 명으로 집계됐다.

부자는 재산 노출을 꺼린다

중국정부가 처음으로 고소득자를 공식 조사한 것은 2000년 7월이었다. 당시 국가통계국은 4개 직할시와 6개 성의 9,956가구를 대상으로 수입과 자산규모를 조사했다. 조사대상 지역은 직할시인 베이징, 상하이, 톈진, 충칭(重慶) 및 저장(浙江), 광둥(廣東), 윈난(雲南), 산시(陝西), 후베이(湖北), 랴오닝(遙寧)성의 도시들이었다. 조사방법은 조사원들이 설문지를 들고 호별 방문하는 형태였다.

당시 조사를 기획한 국가통계국 담당자들에 따르면 피조사자의 비협조와 기피로 조사에 어려움이 매우 컸다. 베이징의 경우 조사 거부율이 최고 70%에 달했다. 이러한 현상은 사회주의체제의 성격상 개인재산 노출을 꺼려하는 경향 때문인 것으로 풀이된다.

국가통계국은 이 조사를 기초로 고소득자의 최하 기준을 "가구당 연간수입이 3만 위안 이상이면서 개인주택이나 승용차를 소유하고 있는 가구"로 정했다. 이들 가구 중에서 승용차가 없더라도 가구당 연간 수입이 3만 위안을 훨씬 넘는 경우에는 고소득자에 포함시켰다.

연소득 3만 위안이라면 월 소득 3천 위안(한화 약 45만 원)에 못 미치는 액수로 부자의 기준으로 삼기에는 설득력이 약할 수도 있다. 하지만 국가기관이 최초로 전국을 대상으로 공식 조사한 뒤 도출한 결론인 만큼 중요한 준거기준임은 분명하다.

국가통계국 조사에 따르면 고소득자는 직업별로는 '기업이나 사업단위의 책임자'가 31%로 가장 많았다. 두번째는 전문기술 인력으로 25.2%였고, 세번째는 자유직업자로 17.8%였다. 이어서 사무인력이 9.5%, 상업서비스 인력이 8.5%를 차지했다.

이번 조사에서는 교육수준(文化程度)이 수입에 큰 영향을 미치는 것으로 드러났다. 교육수준이 높을수록 수입이 상대적으로 높았다는 것이다. 이 점은 개혁개방 초기에 거주지역이나 업종, 근무연한이 수입을 결정하는 주요요인이었던 것과는 큰 차이를 보인다.

2001년 국가세무국이 정한 고수입자의 기준은 국가통계국 기준과는 달리 '연간소득이 6만 위안 이상인 사람'이었다. 소득기준이 2배 늘어난 대신 집과 자동차 소유 여부는 고려에 넣지 않았다. 이것은 세금징수에 초점을 맞췄기 때문이다. 세무관련 기관이 고수입자를 일반적으로 중점납세자(重点納稅者)로 부르는 것도 이와 무관치 않다.

중국에서 개인소득세는 개인소득세법에 의해 월소득 800위안 이상인 사람에게만 부과한다. 최저 과표기준이 800위안인 셈이다.

하지만 경제가 발달한 연안지역과 대도시에서는 물가수준 등을 고려해 최저 과표기준을 신축적으로 적용한다.

예를 들어 베이징의 최저 과표기준은 전국 기준보다 200위안이 높은 월소득 1,000위안으로 정하고 있다. 광둥성의 주하이(珠海)시는 1,400위안, 역시 광둥성의 선쩐시는 1,700위안으로 훨씬 높다. 최근 중국정부는 전반적인 소득수준 향상과 물가상승을 고려해 최저 과표기준을 1,000위안으로 올릴 것을 고려하고 있다.

상위 20% 부자가 전체 부의 80% 소유

고수입자에 대한 기준도 경제가 발전한 대도시일수록 높게 마련이다. 2002년 베이징 지방세무국이 획정한 중점납세자는 '연간수입이 10만 위안 이상인 사람'이었다. 베이징 지방세무국은 2002년 연간소득 10만 위안 이상인 사람을 약 3만 명으로 추산했다.

하지만 학계 전문가들은 중점납세자를 고수입자의 기준으로 사용하는 세무당국의 방법에 이견을 보인다. 비정부 전문가들이 주장하는 부자의 기준은 두 가지로 요약된다.

첫째, 베이징 주민의 1인당 연평균소득의 10배를 고수입자의 최저기준으로 하자는 주장이다. 2000년 베이징 주민의 1인당 연간소득은 1만 5,600위안이었다. 따라서 베이징에서 고수입자에 포함되려면 연간소득이 최소한 15만 위안은 돼야 한다.

둘째는 베이징의 최저 과표기준인 월소득 1,000위안의 10배를 고수입자의 최저기준으로 정하는 방법이다. 이 경우 1인당 연간 최저 과표기준은 1만 2,000위안이고, 고수입자의 연간수입은 이의

10배인 12만 위안이 된다.

전문가들은 이러한 두 가지 방식에 의거해 베이징에서 고수입자, 다시 말해 부자의 기준을 연간수입 12~15만 위안 이상으로 잡아야 한다고 주장한다. 하지만 이것은 어디까지나 부자의 수입 하한선에 불과하다. 고수입자의 연간수입은 최저 12만 위안에서 최고 수억 위안에 이르기까지 다양한 스펙트럼이 존재할 수 있다.

그러면 고수입자의 수는 얼마나 될까. 현재 중국에서는 과세제도의 허점 등으로 인해 고수입자의 수를 정확하게 파악하는 것이 거의 불가능하다. 세원에 잡히지 않는 제도외수입(制度外收入)이나 비공식 수입의 비율이 그만큼 크기 때문이다.

고수입자의 수를 추산하는 데는 은행예금(銀行存款)을 하나의 지표로 사용할 수도 있다. 중국은 2000년부터 예금실명제를 실시했다. 물론 예금실명제를 회피하는 다양한 방법이 있어 정확성이 떨어지지만 은행예금은 유용한 준거기준이 된다.

통계에 따르면 은행예금 총액은 2001년 약 7조 위안이었고, 2002년 말에는 10조 위안에 달했다. 이러한 전체 예금액 중 80%를 수적으로 20%에 못 미치는 상위 고액예금자가 갖고 있는 것으로 나타났다.

전문가들은 일단 전체 예금액의 80%를 가진 20%의 상위 고액예금자를 고수입자 집단에 포함시킨다. 하지만 이 20% 중에는 탈세 등을 목적으로 한 차명이나 가명계좌가 많다는 것이 일반적인 견해다. 따라서 전문가들은 상위 예금자 20% 중 가·차명계좌로 중복된 부분을 제외한 10% 정도를 진정한 고수입자로 추정한다. 나아가 전체인구에서 차지하는 부자의 비율도 이와 비슷할 것으로 추론한다.

하지만 고액예금자 비율을 다시 구체적인 인구수로 계산해내는 데는 난점이 따른다. 2002년 말 중국 총인구가 13억이었다고 해서 고수입자를 인구의 10%인 1억 3,000만 명으로 볼 수는 없다. 모든 가족성원이 돈을 벌거나 통장을 갖고 있는 것은 아니기 때문이다. 2002년 말 중국의 가구당 가족수는 약 4명이었다. 가구당 은행계좌수는 가족수의 절반 이하인 1~2개로 추정된다.

중국 부자는 어림잡아 6,500만 명

여기에 근거해 인구 4명당 1~2개의 통장을 갖는다고 보았을 때 고소득자의 비율은 전체인구의 약 5%가 된다. 결국 중국에서 연간수입이 12만 위안을 넘는 부자는 6,500만 명에 이른다. 한국 인구의 약 1.5배에 달하는 중국인이 부자인 셈이다.

고수입자 집단의 하위에 위치한 중등수입자(中等收入者)의 기준은 월소득 3,000~5,000위안을 버는 사람들이다. 중등수입자는 흔히 중산계급으로 불린다.

연간소득과 관계없이 보유자산을 기준으로 한 부자의 기준도 모호하기는 마찬가지다. 2001년 국가통계국은 베이징의 경우 100만 위안 이상의 자산을 보유한 사람이 최소 100만 명, 최대 200만 명에 이를 것으로 추산했다.

전국적으로 100만 위안 이상의 자산 보유자는 1993년 국가공상국 추산에 따르면 5백 명 정도였지만, 1994년 국무원 발전연구중심의 통계에서는 5천 명으로 추산됐다. 이어 1995년 ≪인민일보≫는

100만 명이 넘는다고 보도했고, ≪중화공상보≫는 최소한 300만 명에 이른다고 보도해 큰 편차를 보였다. 2001년 전국적으로 100만 위안 이상 자산가는 1천만 명을 넘어섰을 것으로 추측된다.

그러면 어떤 사람이 고수입자 집단에 포함될까. 다음은 베이징 지역 고수입자 집단에 대한 일반적 분석결과다.

연령별로 고수입자는 50세 이하가 절대다수인 90.5%를 차지했다. 연령대별로는 이 중 40~50세가 35%로 가장 많았다. 이어 30~40세가 30.6%였고, 30세 이하가 24.9%를 차지했다. 고급관리 인력이 가장 많은 연령대는 41~50세였고, 과학기술 지식을 가장 많이 가진 연령대는 30세 이하였다.

성별로는 남성이 절대다수인 73%를 차지했고 여성은 27%를 차지했다.

학력별로는 전문대학교 이상 학력자가 73%를 차지했다. 이 중 대학 본과 졸업생이 29.8%였으며 석사학위 이상자는 3.6%를 차지했다. 학력과 평균적 소득은 대체로 정비례의 관계를 보여 석사학위 이상자의 소득이 가장 높았다.

직업별로는 사영기업 경영자의 소득이 단연 1위였다. 사영기업 경영자와 함께 법률전문가, 주식제 국유기업 전문경영인, 전문 주식투자자 등도 고소득자에 속했다. 최근 수년간 IT산업과 지식산업을 비롯한 첨단기술 분야 종사자들의 소득이 점차 상위권으로 진입하는 경향이 나타났다.

2. 중국 부자의 재산축적 비결

중국의 부자는 개혁개방의 수혜자다. 개혁개방이 없었다면 사유재산은 인정될 수 없었고, 사유재산이 인정되지 않았다면 부자도 나올 수 없었다. 하지만 모든 중국인이 개혁개방의 수혜자는 아니었고, 더욱이 모든 중국인이 똑같은 조건에서 출발한 것도 아니었다. 개혁개방은 하늘에서 떨어진 것이 아니라 이전의 사회경제적 환경 위에서 전개됐기 때문이다.

1978년 12월 채택된 개혁개방 정책은 경제제도적 측면에서 기존의 계획경제를 시장경제로 이행하는 시발점이 됐다. 계획경제란 국가가 재화와 용역의 생산과 분배를 사전에 설정된 목표에 따라 통일적으로 계획해서 실행하는 경제운용 시스템을 의미한다. 반면 시장경제는 시장에서의 수요와 공급에 의해 재화와 용역의 생산과 분배, 가격이 결정되는 경제시스템이다.

개혁개방 이전 중국은 토지를 비롯한 생산수단의 소유권과 사용권을 모두 국가가 독점하고 있었다. 하지만 시장경제가 도입되면서 생산수단의 국가독점은 변화될 수밖에 없었다. 소유권과 사용권이 분리되기 시작한 것이다. 예를 들어 토지의 경우 공유제원칙에 따라 소유권은 여전히 국가에 있지만, 사용권은 개인에게 매각해 최장 70년까지 권리를 보장한다. 개인의 토지사용권은 70년 뒤 재연장이 가능하다.

개혁개방은 결국 국가가 독점하던 생산수단의 소유권과 사용권을 분리해 국가는 소유권만 갖고 사용권을 시장으로 내보내는 과정을 의미한다. 이것은 국가가 보유하던 재산(국유재산)을 시장화(市場化)하는 결과를 가져왔다. 이때 시장화는 사실상 사유화를 의미한다. 생산수단에 대한 국가의 소유권은 상징적 수준에 그치는 반면, 개인의 사용권은 매우 포괄적이고 장기적이기 때문이다.

부자는 개혁개방 물결을 탄 집단

그러면 현재 중국의 경제시장화는 어느 정도 진행됐을까? 경제체제를 따져볼 때 중국이 계획경제 국가일까, 아니면 시장경제 국가일까?

2003년 4월 베이징사범대학 '경제와 자원관리소'가 발표한 연구조사 "중국시장경제 발전보고 2003"은 중국이 시장경제체제 국가라고 주장했다.

이 조사는 2001년을 시점으로 했다. 이 조사는 미국 헤리티지재단이 제시한 경제시장화를 측정하는 변수 33개를 중국에 대입해 지수를 뽑아냈다. 그 결과 중국의 시장화지수는 69%로 나와 시장경제와 비시장경제의 임계점인 60%를 넘어섰다. 경험적으로도 현재 중국이 기본적으로 시장경제체제에 의해 움직인다는 것을 부정할 사람은 별로 없을 것 같다.

　현재 중국의 부자는 이러한 국유재산의 시장화과정에 재빠르게 참여해 이득을 챙긴 사람들이다. 개혁개방과 이에 따른 시장화로 인해 다수의 중국인은 생활이 불안정해졌지만, 변화의 흐름을 탄 일부는 먼저 부자가 된 것이다. 특히 국가가 시장화를 주도한 만큼, 국가권력을 이용하거나 국가권력에 접근할 수 있었던 사람들은 더욱 손쉽게 부를 축적할 수 있었다.

　중국경제의 시장화는 개혁개방 이후 매우 점진적으로 진행돼왔다. 1990년대 초 사회주의체제 붕괴 후 러시아와 동유럽국가들은 급속한 국유재산 사유화와 시장화과정에서 많은 혼돈을 빚었다. 이와 달리 중국은 "돌다리도 두드려가며 건넌다"(摸着石頭過河)는 말에서 나타난 것처럼 매우 조심스럽고 점진적인 시장화를 통해 체제안정과 경제발전을 동시에 이룰 수 있었다.

시장화 과정은 부자의 산실

　지금까지 중국의 시장화과정은 크게 4단계로 나눌 수 있다.

　첫째 단계는 시장화의 가장 초기단계로 유통영역의 시장화다. 유통영역의 시장화는 개혁개방 초기부터 대체로 1990년대 초까지 진행됐다. 유통영역의 시장화로 나타난 것이 이른바 개체공상호(個體工商戶)다. 개체공상호(약칭 개체호)는 소상점이나 가내수공업같이 개인이 운영하는 소규모 업체를 말한다. 중국은 업주를 포함해 종업원이 8명 이하인 업체를 개체호로 분류한다.

　유통영역에서 개체호들은 시장진입의 문턱이 상대적으로 낮은 상황을 이용해 비교적 간단한 방식으로 부를 축적했다. 하지만 시장진입이 용이한 만큼 경쟁도 심해져 높은 초과이윤, 즉 폭리를 얻을 수 있는 기간도 짧았다. 유통영역에서 개체호들이 폭리를 얻을 수 있었던 시기는 1990년대 초가 되면서 끝나게 됐다.

하지만 유통영역의 시장화에 맞춰 일찌감치 흐름을 탄 사람들은 상당한 부를 축적해 개혁개방 후 1세대 부자집단을 이루게 됐다. 이들이 번 돈은 장차 새로운 업종과 분야에서 거부를 축적할 수 있는 밑거름이 됐다.

둘째 단계는 생산수단, 또는 생산재료의 시장화다. 1980년대 후반부터 시작된 생산수단의 시장화는 당시의 쌍궤제(雙軌制)로 인해 엄청난 초과이윤의 여지를 제공했다. 쌍궤제는 계획경제부문(국유부문)과 시장경제부문이 병존함에 따라 가격도 계획가격과 시장가격이 공존하게 된 상황을 말한다. 쌍궤제하에서 계획경제부문의 제품가격은 시장가격보다 훨씬 낮았다.

이러한 상황에서는 계획경제부문에서 싼 가격으로 제품을 가져와 시장에 내다팔 경우 엄청난 차익을 남길 수 있다. 쌍궤제 아래서 일부 중국인들은 계획경제부문에 대한 통제권을 가진 당·정 실력자나 특정부문 책임자와의 개인적 관계를 이용해 폭리를 취했다. 특히 강철, 목재, 시멘트처럼 대규모 설비자본이 필요하고 국가가 독점하고 있는 분야에서 계획가격으로 제품을 조달한 사람들은 엄청난 차액을 챙길 수 있었다.

생산수단 시장화는 쌍궤제와 맞물려 부패의 온상이 됐다. 국유부문에서 계획가격으로 생산수단이나 생산재료를 얻어내기 위해서는 국유부문 책임자와 기업인 사이에 특혜관계가 불가피했다. 이는 곧 돈과 특혜의 교환이라는 부패사슬이 배후에 존재한다는 것을 의미한다.

이처럼 생산수단의 시장화과정에서 공산당 권력과 유착해 특혜적 부를 축적한 사람들이 중국의 2세대 부자를 형성하게 됐다. 2세대 부자는 1세대 개체호에서 성장한 사람들도 적지 않다.

셋째 단계는 1990년대 초에 시작된 금융영역의 시장화다. 1990년 상하이 증시가 개장되고, 1991년 선쩐 증시가 열리면서 상장기업이 다수 출현했다. 금융시장이 본격적으로 개막되면서 돈을 번 중국의 3세대 부자는 크게 세 부류로 나눌 수 있다.

우선 상장기업의 경영자와 사원들이다. 초기에 상장된 기업은 대부분 국유기업이었고, 당시 국유기업은 주식제로 전환하면서 상당부분의 주식을 사원들에게 분배했다. 일종의 종업원지주제 아래서 사원들은 기업의 상장에 따라 자연스럽게 돈을 벌 수 있었다. 증시와 연관된 증권사와 회계사, 변호사도 돈을 벌 수 있었다.

다음은 기업의 증시상장 자격 여부를 비준·허가하는 사람들이다. 증권감독위원회의 내부 관계자들은 상장을 허락하는 대가로 공식·비공식적으로 기업으로부터 거액을 받았다.

마지막은 주식투자자들이다. 비록 돈을 번 투자자의 비율이 낮긴 하지만, 증권시장이 광범위하게 돈을 벌 기회를 제공한 것은 틀림없다. 1999년 통계에 따르면 시가 1,000만 위안 이상의 주식을 소유한 사람은 470명에 달했다. 이 중에서 1억 위안 이상을 보유한 사람도 70여 명에 달했다.

시장화의 넷째 단계는 1990년대 중반부터 시작된 지식과 기술의 시장화다. 경제에서 지식과 기술의 비중이 높아지고, 정부 산하의 다수 연구소들이 민영화되면서 넷째 단계의 시장화는 빠른 속도로 진행됐다.

넷째 단계 시장화에서는 중산계급이 매우 큰 역할을 한다. 이들 중산계급 중에서도 특출한 사람들은 정보통신을 비롯한 첨단기술 분야에서 급속하게 거부의 반열로 진입했다.

이상 4개의 시장화단계 중에서 1, 2, 3단계는 벼락부자를 양산했다는 특징을 갖는다. 국유재산의 시장화과정에 참여해 특정분야나 제품에 대한 독점권을 갖거나 특혜를 통해 매우 빠르게 큰 부를 축적한 사람들이 많았기 때문이다. 중국에서 벼락부자는 폭발호(爆發戶)라 불린다. 폭발호는 일반적으로 교육수준이 낮다는 공통점이 있다.

반면 마지막 4단계 시장화과정에서는 전문적 지식과 기술을 익히는 데 시간이 걸리기 때문에 부자의 반열로 진입하는 것이 상대적으로 어렵다. 과학자와 법률가, 의사, 작가, 영화감독 등 지적·예술적 분야에서 종사하는 사람들 중에서 앞으로 4세대 부자가 다수 탄생할 전망이다.

지금까지 중국의 부자는 계획경제에서 시장경제로 경제체제가 이행하는, 이른바 시장화과정에서 재산을 축적했다. 하지만 중국의 시장화는 기본적으로 시장에서의 게임의 룰(遊戲規則)이 완비되지 못한 상황에서 진행됐다. 이런 점에서 중국의 부자는 대부분 제도 바깥에서 부를 축적했을 뿐 아니라 재산에 투명성이 부족하다는 특징이 있다.

제도 외 수입으로 부의 투명성 부족

비단 부자뿐 아니라 일반인민에게도 제도외수입(制度外收入)이 전체수입에서 매우 큰 비중을 차지한다. 학자에 따라서는 중국인의 수입 중 절반을 제도외수입으로 보기도 한다.

제도외수입은 근거기준이 될 제도 자체가 없어 규정하기 어려운데, 대부분 공개적인 수입 외의 수입을 말한다. 봉급생활자가 공식임금 외에 받는 비공개적 급여나 기업인이 이면계약 등을 통해 얻는 수입이 이에 해당한다. 추산에 따르면 1980년대 중국인 수입의 3분의 1을 차지했던 제도외수입은 2000년대 들어 전체수입의 절반을 넘어섰다.

중국에서 제도외수입이 비정상적으로 확대된 것은 제도적 공백 탓도 있지만 역사적 요인도 무시할 수 없다. 대표적인 것이 1955년 처음 시작된 '국가기관 직원 통일급별, 통일임금 표준'(國家機關工作人員統一級別, 統一工資標準)'제도다. 국가기관 외에도 응용된 이 임금표준제도는 간부 직급을 30단계로 나눈 다음 단계별로 임금에 차이를 두었다.

하지만 시간이 지나면서 직급간 임금의 차이가 축소돼 임금이 노동가치를 반영하지 못하는 결과가 초래됐다. 직급별 임금 차이가 축소된 추이를 보면 1956년 최고위 간부와 최하급 직원의 임금 차이가 31배였지만 그 다음해 27배로 줄었고, 1959년에는 17.6배로, 1985년에 와서는 10배로 축소됐다.

임금제도가 실효된 상황에서 개인의 적극성을 이끌어내기 위해서는 임금외수입, 즉 제도외수입을 묵인하거나 이를 유인책으로 쓸 수밖에 없었다. 이러한 제도외수입이 시장화과정과 결부되고, 나아가 부패를 매개로 함으로써 일부가 부를 폭발적으로 축적할 수 있는 사회적 환경이 조성됐다. 이런 점에서 제도외수입은 중국에서 '부자가 되는 비결'로 통한다.

제도외수입은 양면성을 갖는다. 제도외수입은 제도화수준이 전반적으로 낮은 상황에서 경제행위자들의 적극성을 이끌어냄으로써 경제발전에 공헌하기도 했다. 하지만 중국이 세계무역기구(WTO)에 가입하고 사회적 불평등에 대한 아래로부터의 불만이 커지는 상황에서 제도외수입은 더 이상 좌시할 수 없는 대상이 됐다.

특히 시장경제 시스템의 원활한 운행과 경제구조의 고도화를 위해서는 공정한 경쟁을 가로막는 제도외수입을 축소하는 것이 매우 중요해졌다. 최근 중국정부는 제도외수입을 축소하고 제도내수입을 확대하는 데 많은 노력을 기울이고 있다.

3. 제도공백에 뿌리내린 지하경제

중국의 시장화는 경제사회적 제도가 완비된 상황에서 시작된 것이 아니라 제도화와 동시에 진행돼왔다. 오히려 시장화의 속도에 비해 제도 창출과 정비의 속도가 뒤졌다는 표현이 적절하다. 이러한 시장화와 제도건설 사이의 지체(time-lag)현상은 국가의 통제 바깥에서 엄청난 비공식 경제부문이 성장할 수 있도록 자양분을 제공했다.

과도한 지하경제(地下經濟)는 중국경제의 주요 고민 중 하나가 됐다. 지하경제는 비제도권 경제, 즉 공식적인 경제제도 바깥에서 정부기구의 통제를 받지 않고 운영되는 각종 영리적 활동을 말한다. 이런 점에서 지하경제로 창출되는 부당이득은 제도외수입의 대표적인 예로 꼽힌다.

정부의 통제를 벗어나 있으므로 지하경제 행위로 창출되는 이익에 대해서는 세금을 부과할 방법이 없다. 과도한 지하경제는 각종 경제정책의 효율성에도 악영향을 초래한다. 정부의 경제정책이 비공식적 부문에는 효력을 제대로 미치지 못하기 때문이다. 이런 점에서 지하경제를 축소하는 것은 중국의 거시경제 운용과 경제개혁을 위해서도 매우 중요한 자리를 차지한다.

제도적 공백이나 허점을 자양분으로 하는 지하경제는 계획경제에서 시장경제로의 전환과정에 있는 중국에서 심할 정도로 활성화돼 있다. 전문가들에 따르면 중국의 지하경제 규모는 1980년대 중반부터 1990년대 중반까지 10년간 급속히 확대됐다.

GDP의 20%에 이르는 지하경제 규모

2003년 1월 28일자 ≪중국신문사≫는 전문가들의 추산을 인용해 중국 지하경제 규모가 국내총생산(GDP)의 15~20%에 이른다고 보도했다. 2002년 GDP가 10조 위안인 점을 감안하면 지하경제 규모는 1조 5,000억 위안에서 최고 2조 위안에 이르는 셈이다.

지하경제는 정부의 관리감독 밖에서 비공개적 또는 불법적으로 경영활동이 이뤄지기 때문에 국가의 통계에 잡히지 않는다. 따라서 지하경제의 규모를 정확히 도출하기란 사실상 불가능하다. 중국 국가통계국이 추산한 2002년 말 지하경제 규모가 GDP의 10% 정도에 그쳐 비정부 전문가들의 추산보다 적은 것은 이러한 불투명성을 반영한다.

중국에서는 지하경제를 형태를 숨기고 있는 경제라는 뜻에서 은형경제(隱形經濟)라고도 부른다. 중국은 지하경제가 회색경제(灰色經濟)와 흑색경제(黑色經濟)로 구성돼 있다고 규정한다.

지하경제의 대부분을 구성하는 회색경제는 주로 세금을 내지 않는 수입, 즉 세원에 포착되지 않는 수입을 통칭한다. 회색경제는 조세기관이나 공상관리 부문의 통제 밖에서 행해지는 불법경영과

봉급생활자의 급여외수입으로 구성된다.

급여외수입은 부업을 통한 수입, 공금의 사적인 저축이나 보관에서 오는 수입, 공금을 유용한 주식투자로 얻는 수입 등을 이른다. 이 중 공금을 개인명의로 저축하는 행위는 상당히 심각한 수준에 이른 것으로 판단된다. 예금실명제(存款實名制)가 실시된 2000년 이전에 저축된 전국의 개인 예금잔고 6조 위안 중 1조 위안이 개인명의로 저축된 공금인 것으로 추산된다. 공금을 유용한 주식투자는 주식시장의 불법을 부추기는 요인으로 지적된다.

회색경제는 탈세의 온상이다. ≪중국신문사≫는 국유기업의 50%, 향진기업의 80%, 합자기업의 60%, 개체호의 95%에서 각종 탈세가 이루어진다고 보도했다.

탈세현상은 최근 급속히 증가하고 있는 고소득자 계층에서 더욱 두드러진다. ≪중국신문사≫는 고소득자 계층의 전체수입 중 49.8%가 급여외수입임에도 불구하고 이 부분이 조세당국의 통제 밖에 놓여 있다고 했다.

이런 현상은 중국 전체 개인자산의 80%를 상위 20% 부자가 갖고 있다는 점을 감안할 때 조세부담의 불평등성을 심화하는 요인으로 지적된다. 중·저소득자의 상대적인 세금부담이 그만큼 무거워진다는 것이다. 국가통계국에 따르면 2001년 개인소득세 세수의 41%가 유리지갑을 가진 임금생활자의 급여에서 나왔다.

이에 따라 중국정부는 고소득자 계층에 대한 세수확대를 회색경제에 대한 통제력 확대의 핵심으로 삼고 있다. 하지만 현금지불이 매우 보편적인 중국의 거래관행을 고려한다면 세수확대는 간단한 문제가 아니다.

한편 흑색경제는 회색경제보다 불법의 정도가 더 심한 부문이다. 경우에 따라 흑색경제는 회색경제의 일부로 치기도 한다. 흑색경제는 뇌물이나 국유재산 침탈, 밀수, 마약판매, 매춘, 범죄조직(黑社會) 활동, 가짜물품 제조·판매, 돈세탁(洗錢) 등을 통한 수입을 말한다.

흑색경제 규모의 일례로 자주 인용되는 것이 매춘수입이다. ≪중국신문사≫ 보도에 따르면 중국의 매춘부 수는 약 500만 명으로 추정된다. 아울러 매춘부 한 사람이 창출하는 일자리는 3명에 이른다. 매춘산업의 고용효과가 2,000만 명에 달하는 셈이다. 이러한 매춘산업 규모는 2000년 말 기준으로 GDP의 2%에 영향을 미치는 것으로 추정된다.

이와 함께 불법수입을 합법화하는 돈세탁의 규모는 매년 2,000억 위안을 넘는 것으로 추산된다. 돈세탁에 애용되는 수단은 우선 돈을 외국으로 빼돌린 뒤 다시 합법적인 투자자금으로 들여오는 방법이다. 중국에서 매년 불법적으로 빠져나가는 돈은 160억 달러 정도다. 이 금액은 2002년 중국이 끌어들인 해외 투자자금 500억 달러의 32%에 달한다.

특히 2000년에 해외로 빠져나간 자금은 480억 달러에 달한 것으로 추산됐다. 이것은 그 해 중국으로 들어온 해외 투자자금 총액인 407억 달러를 초과하는 규모다. 그렇다고 해서 중국의 자금이 순유출되는 것은 아니다. 일단 해외로 빠져나간 돈이 세탁을 거쳐 합법적인 돈으로 변신한 뒤 다시 중국으로 들어오는 경우가 많기 때문이다.

문제는 중국으로 재환류된 자금이 정부의 통제를 받지 않는 영역에서 투기자금으로 대기하는 비율이 높다는 것이다. 이와 같이 공식적인 금융영역 바깥에서 떠도는 투기자금은 일단 금융시장에 문제가 생길 경우 자본시장을 교란하는 요인이 될 수 있다.

지하자금의 주요 도피처는 홍콩

중국 지하자금의 주요 해외 도피처로 홍콩이 지목된다. 홍콩에 대한 해외직접투자(FDI)가 1998년 147억 달러에서 2000년 643억 달러로 급증한 데는 중국의 돈세탁 자금유입이 큰 몫을 한 것으로 추측된다. 2002년 6월 19일자 ≪인민일보≫에 따르면 과거 2년간 중국 공안부가 외국과 협력해 적발한 돈세탁 범죄는 17개 국가에서 70여 건에 달했다.

지하경제는 정도의 차이는 있지만 전세계적인 현상이다. 2000년 이집트의 지하경제 규모는 GDP의 9분의 1, 그리스는 29%, 이탈리아는 27%로 추정됐다. 2002년 7월 31일자 ≪국제금융보≫에 따르면 2000년 세계 전체 지하경제 규모는 1조 5,000억 달러로 추산됐다. 여기에 근거할 때 중국의 지하경제 규모는 전세계 지하경제의 약 10%를 차지한다.

전문가들은 2000년대 들어 중국의 지하경제 확대속도가 점차 둔화추세를 보이는 것으로 분석한다. 지하경제의 온상이 됐던 제도적 허점과 공백이 크게 보완되고 있다는 것이다. 중국은 지하경제 추방이 분배의 불균등 시정과 경제정의 실천뿐 아니라 국가안정을 위해서도 중요하다고 판단한다.

중국은 지금까지 지하경제 축소를 위해 다양한 정책과 수단을 내놓았다. 밀수와 각종 관세포탈 행위의 원인이 됐던 높은 관세율을 크게 낮추고, 가짜상품이나 해적판(盜版)에 대한 단속을 강화한 것이 그 예다.

개인소득에 대해서는 사용자측이 피사용자의 세액을 원천 공제해 대납하도록 하는 제도를 실시한 것도 소득세 관리의 효율성을 높였다.

세원추적을 위해 한국의 신용카드 영수증 번호추첨 포상제와 비슷한 유장발표(有獎發票) 제도를 시행한 것도 탈세를 크게 줄였다. 2001년 부분적으로 시행에 들어간 이 제도 덕분에 2002년 전국적으로 더 거둬들인 세금이 9억 위안에 달했다.

그렇다고 불법소득에 대한 유혹이 사라질 수는 없다. 중국에서 불법행위가 성공했을 경우 이득이 큰 반면, 적발됐을 경우 처벌 정도가 선진국에 비해 훨씬 낮다. 불법소득이 이러한 저비용·고소득에 뿌리를 둔 만큼 당국의 단속이 강화되면 대응책도 나오기 마련이다.

가짜상품 생산은 세수와 고용확대를 노린 지방정부의 지역이기주의로 인해 근절이 더욱 어렵다. 중앙정부가 가짜 생산공장을 단속하려 해도 지방정부가 중앙의 시책을 이행하기는커녕, 오히려 가짜 생산업체를 비호하는 현상이 비일비재하게 발생한다. 이른바 "위에서 정책이 있으면, 밑에서는 대책이 있다"(上有政策, 下有對策)는 말로 상징되는 고질적인 행정적 저항이 사라지지 않고 있는 것이다. 중국에서 팔리는 음반의 90%가 가짜로 추정되는 것은 이와 무관치 않다.

도시지역에서 가짜상품이나 저가의 불량제품에 대한 단속이 강화되고 수요가 줄자 이들 제품이 농촌으로 판로를 돌리는 현상도 나타났다. 중국 언론에 따르면 최근 가짜 의약품의 80%가 농촌에서 팔리고 있는 것으로 조사됐다. 대신 도시지역에서는 자동차부품, 인테리어 재료, 건축자재 등 비교적 고가의 가짜제품이 팔리고 있다.

기업형 흑사회가 경제를 교란

일부 흑사회(일본의 야쿠자, 미국의 마피아 같은 범죄조직들)가 기업의 외양을 띠고 합법적인 경영을 시도하는 것도 같은 맥락에서 볼 수 있다. 2003년 7월 22일 ≪법제일보≫가 보도한 흑사회의 행태를 보자. 허난(河南)성 쩡저우(鄭州)시에서 암약해온 한 흑사회는 1998년 운수회사로 정식 등록하고 기업활동을 가장한 범죄행위를 공공연히 저지르기 시작했다. 100여 명의 조직원으로 구성된 이 흑사회는 쩡저우시와 남부 광둥성의 광저우시에 30여 개에 이르는 화물 집하장을 설립한 뒤 쩡저우시의 운수시장을 독점했다. 이들은 화물 운송비를 시세의 3배까지 올려 받는 횡포를 통해 매년 3,000만 위안에 이르는 불법이익을 올렸다. 화주들은 운수회사의 명백한 폭리에도 불구하고 폭력이 무서워 저항할 수 없었다.

이로 인해 한때 전국 3위의 명성을 날리던 쩡저우시의 방직업에 찬바람이 불게 됐다. 2002년 말 쩡저우시의 방직공장 수는 전성기의 25%에 불과한 700개로 줄었다. 과도한 운송비를 피해 공장을 다른 지역으로 옮겨버린 것이다. 연간 방직제품 판매량도 10억 위안으로 전성기의 4분의 1에 그쳤다. 국세와 지방세 수입도 60%

이상 떨어졌다.

밀수(走私)조직도 법망을 피해 기업화할 뿐 아니라 더욱 정교해지는 경향을 보인다. 2003년 8월 3일자 ≪중국신문사≫는 광저우 세관(海關)이 해운기업의 간판을 걸고 대규모 유류 밀수를 해온 조직을 적발했다고 보도했다. 이 밀수조직은 80척의 선박과 대형 유류 저장고를 보유하고 1998년부터 조직적으로 중유와 식용유를 밀수했다. 이 조직은 중유의 경우, 밀수로 처벌하기 위해서는 한 차례에 80톤 이상을 불법으로 들여와야 한다는 법규를 악용했다. 법망을 피하기 위해 이 조직은 개조된 소형선박으로 한 차례에 수십 톤씩 운반하되, 운항 회수와 선박 수를 늘리는 방식으로 밀수를 했다. 적재량이 적기 때문에 적발되더라도 가벼운 행정처벌만으로 사건을 무마할 수 있었다. 이런 식으로 5년간 밀수한 중유는 54만 톤에 달했고 식용유도 1만 톤이 넘었다. 밀수액은 14억 위안에 이르렀으며, 이로 인한 탈세액도 3억 5천만 위안으로 추산됐다. 이 밀수집단은 주요 조직원만 150명이 넘는 것으로 밝혀졌다.

이와 함께 새로운 경향은 밀수조직들이 각기 회사를 설립한 뒤 합자하거나 상호간에 주식을 교차 소유함으로써 협력관계를 구축한다는 것이다. 복수의 독립적인 밀수조직이 협력해 물품공급, 운반, 저장, 판매를 일괄적으로 행할 뿐 아니라 관련정보도 교환한다.

흑사회와 밀수조직의 이러한 예는 중국정부가 추진하는 경제의 제도화 노력이 여러 가지 저항에 부딪히고 있음을 보여준다. 지하경제가 제도적 공백을 이용해 생겨나고 확대될 뿐 아니라, 한발 더 나아가 정부의 제도화 노력을 가로막는 요소도 된다는 것이다.

중국 자본주의의 꽃
사영기업

기업인을 알면 중국경제가 보인다

미국의 경제학자 조셉 슘페터는 "자본주의를 발전시키는 힘은 창조적인 기업인"이라고 말했다. 중국에서 개혁개방 이후 우후죽순으로 출현해온 사영기업은 시장경제 발전에 필수 불가결한 존재였다.

오늘날 중국의 사영기업인은 상당수가 무에서 유를 창조한 사람들이다. 그들은 사회주의적 이념의 질곡과 문화대혁명의 정치적 동란이 남긴 삭막한 토양 위에서 기업을 일으켜세웠다. 아울러 국유부문을 우선하는 견고한 제도적 장벽을 넘으면서 기업을 성장시켜왔다.

창업과 성장이 어려웠기 때문에 이들은 생존을 위해 제도적 틈새와 비시장적 수단을 이용하지 않을 수 없었다. 따라서 사영기업인들은 지금까지 슘페터가 말한 창조성만을 발휘한 것은 아니었다.

이들 중 일부는 이미 1조 원이 넘는 재산을 축적하며 중국 경제체제를 단순한 시장경제가 아닌 자본주의체제로 변화시키는 데 일익을 담당했다.

그렇다면 중국 사영기업인은 앞으로 어떻게 변화해나갈까? 사영기업인의 미래를 내다보기 위해서는 거대 화교 기업인을 참고하는 것이 유용하다. 화교 기업인과 중국 사영기업인은 비록 활동 터전이 다르긴 하지만 중국인 특유의 정서를 공유한다. 중국 사영기업인들이 장차 화교 기업인 수준의 경쟁력을 발휘한다면 중국경제는 질적으로 비약하게 될 것이다.

1. 중국의 억만장자는 부동산 부자

시장경제가 주도적인 위치를 잡아가는 중국에서 개인이 경영하는 사영기업은 중국 자본주의의 꽃이다. 개혁개방과 함께 우후죽순처럼 출현한 사영기업은 억만장자들의 성공과 좌절의 드라마를 연출하면서 중국 자본주의의 새로운 역사를 쓰고 있다.

중국의 경제부문은 소유형태에 따라 국유경제(國有經濟), 집체경제(集體經濟), 민영경제(民營經濟)로 나뉜다. 소유주체가 국가인 것은 국유경제 또는 국유기업으로 불리고, 소유주체가 지방정부인 것은 집체경제 또는 집체기업으로 불린다. 이와 달리 소유주체가 비정부 또는 개인인 것은 민영경제로 지칭된다.

집체경제와 민영경제를 합쳐서 국유경제와 대비되는 개념으로 비국유경제라 부른다. 비국유경제는 총생산량 가치에서 1993년 국유경제를 능가한 이래 계속적으로 비율을 높여왔다. 반면 국유경제는 1999년 공업총생산 가치에서 차지한 비율이 28.2%에 불과했을 만큼 국민경제 전체에서 차지하는 비율이 축소되는 추세에 있다.

용어상으로 민영경제는 사영경제(私營經濟)라 불리기도 한다. 민영경제와 사영경제는 의미상 차이가 없어 중국 내에서 함께 사용되는 경우가 대부분이다. 사영경제는 개체공상호(個體工商戶)와 사영기업(私營企業), 주식회사를 뜻하는 고분유한공사(股分有限公司), 외국자본인 외상투자기업(外商投資企業) 등을 포괄한다.

사영기업은 1986년 6월 중국 국무원이 공포한 '사영기업 잠행조례'(私營企業暫行條例) 규정에 따르면 "기업자산을 개인이 소유하고 종업원을 8명 이상 고용하는 영리목적의 경제조직"이다. 이에 반해 종업원이 8명 이하인 기업은 개체공상호(개체호)로 분류된다.

사영기업은 개혁개방 이후 중국의 경제발전과 노동력 고용에서 매우 중요한 역할을 했다. 통계에 따르면 2001년 말 사영기업의 수는 202만 8,500개에 달했고 총생산액은 1조 2,316억 위안에 이르렀다. 사영기업 종업원 총수는 2,118만 명으로 집계됐다.

제도 공백을 극복한 사영기업인들

이들 사영기업을 경영하는 사영기업가들은 지금까지 중국경제의 발전을 이끈 주요 동력의 하나로 평가받는다. 앞으로도 사영기업가들은 경쟁과 혁신을 통해 중국의 시장경제와 자본주의를 떠받칠 역량으로 기대된다.

사영기업가들은 개혁개방 이후 실시된 시장화와 국유자산의 민영화과정에 가장 발 빠르게 동참한 사람들이다. 이들은 한편으로는 정부의 시장경제 정책에 적응하고, 또 한편으로는 제도의 공백을 이용하거나 제도 바깥에서 특혜를 얻어내면서 성장해왔다. 따라서 사영기업가들은 중국 자본주의의 대표 세력이자 중국 비국유경제부문의 부를 대표하는 세력이라고 할 수 있다.

사영기업가 중에는 개혁개방이 시작된 지 20년 남짓 만에 억만장자로 부상한 사람도 적지 않다. 중국의 억만장자 기업인 수는 정확하게 알 수 없다. 조세제도를 비롯해 개인의 부를 추적할 수 있는 여러 가지 제도적 장치가 선진국과는 비교가 안 될 정도로 부실하기 때문이다.

하지만 미국의 경제전문 잡지 ≪포브스(Forbes)≫가 1990년대 말부터 조사해온 '중국부호 순위'는 억만장자 사영기업가들에 대한 윤곽을 제공한다. ≪포브스≫지는 2003년 초 '2002년 중국의 100대 부자 순위'를 재산액과 업종, 개인 프로필과 함께 발표했다. ≪포브스≫지의 이러한 관심은 중국의 경제적 부상과 더불어 중국의 거대 사영기업인들이 해외기업의 협력대상으로 주목되고 있음을 시사한다.

외국 언론인 ≪포브스≫지와 별도로 중국 언론에서도 2003년부터 중국의 사영기업가 재산순위를 발표하기 시작했다. 2003년 4월호에서 '중국 부자 400위'(中國400富人榜)를 발표한 광둥성 선쩐의 경제월간지 ≪신재부(新財富)≫가 바로 그것이다.

두 잡지의 조사방법은 대동소이하지만 조사결과 부호 순위에 다소 차이가 있다. 두 잡지 모두 상장된 사영기업의 주식시가와 상장기업의 연례 보고서, 관계당국의 자료, 언론매체에 공개된 기업의 자료, 사영기업인이 스스로 제공한 자료 등을 종합 평가하는 방식을 사용했다.

≪신재부≫지의 발표에 따르면 2003년 초 중국의 1위 사영기업가의 재산은 61억 1,000만 위안이었다. 한화로 약 9,200억 원에 달하는 액수다. 10위 기업인의 재산은 29억 2,000만 위안이었고

맨 마지막 400위 기업인의 재산도 2억 위안을 넘었다. 1위에서
400위까지 사영기업인의 개인재산 총액은 3,031억 위안이었다. 이
액수는 2001년 구이저우(貴州)성 국내총생산(GDP)의 3배에 이르는
규모다.

400명 사영기업가의 업종은 대체로 23개로 구분됐다. 특기할
점은 이들 업종 중 부동산과 전통적 제조업이 전체의 41.1%를 차
지할 만큼 압도적인 비율을 차지했다는 것이다. 이에 따라 중국 언
론은 부동산 개발과 전통적 제조업을 '부호를 만드는 공장'이라고
부른다.

≪신재부≫의 400명 부호 순위표에 오른 사영기업인의 주요업
종과 업종별 특성을 살펴보자.

우선 400명 중 주력업종이 부동산인 사람은 76명으로 전체의
19%에 달했다. 이것은 세계적 추세와는 크게 다르다. ≪포브스≫
지가 발표한 2002년 전세계 부호 500명 중 부동산을 주력업종으
로 하는 사람은 29명에 불과했다. 다시 말해 부동산업에 종사하는
중국부호의 비율이 비정상적으로 높다는 것이다.

갑부가 되는 지름길은 부동산 투자

부동산업의 부호가 특히 많은 것은 부동산 분야가 중국경제의
발전과정과 제도적인 문제점을 종합적으로 반영하고 있기 때문이
다. 급속한 도시화와 거대한 주택수요, 각종 개발구 건설, 그리고
지방정부와 부동산 기업 간의 공식·비공식적 협력관계가 부동산
업종을 황금알 낳는 산업으로 만들었다.

수요측면에서 보면 2002년 전국의 상품방(商品房) 판매총액은 6,009억 위안에 달했다. 상품방은 과거 계획경제 시절의 직장에서 제공되는 주택과 달리 개인이 사적으로 구입하는 주택을 말한다. 2002년 판매된 상품방 중 개인이 구입한 비율은 93.6%에 달했다. 나머지는 직원들을 위해 기업과 정부기관이 구매한 것이다.

부동산업은 특히 개혁개방 이전 국유기업이 중시하지 않았던 분야라 사영기업이 뛰어들기에 매우 유리했다. 아울러 토지사용권 불하권한을 갖고 있는 각급 지방정부도 개발을 촉진하기 위해 사영기업을 우대했다. 부동산업종에 민간자본과 사영기업이 앞다퉈 진입하게 된 것은 바로 이 때문이다. 현재 중국의 부동산기업은 사영기업과 외자기업을 포함한 비국유기업이 전체의 98% 이상을 차지한다.

부동산업종의 거부들은 개발붐을 타고 입지가 좋은 땅의 사용권을 특혜로 얻어내거나 저가에 사용권을 매입함으로써 투자효율을 극대화했다. 투자자본 역시 비공식적 인간관계나 부패한 수단을 통해 은행으로부터 대출받았다. 물론 부동산업자들 중에서는 뛰어난 기업가적 안목과 도전정신으로 개발붐을 한발 앞서나가 부를 축적한 사람도 적지 않다.

두번째 살펴볼 업종은 제약분야다. 400위 부호 중 제약업종의 사영기업가는 22명이었다. 이들 22명 중 9명이 상장기업을 갖고 있는 것으로 나타났다. 제약업종의 상위 사영기업은 이미 제품의 질이나 영업능력, 비용통제 능력 면에서 국유 주식제 기업이나 외자기업과 어깨를 겨룰 만한 위치에 올라선 것으로 평가된다.

중국에서 제약업은 특히 규모의 경제효과가 큰 업종에 속한다.

현재 약 4,000여 개에 이르는 제약업체 중 증시에 상장된 82개 회사가 자산규모나 경제효율 측면에서 업종 전체의 3분의 1을 차지하는 것으로 분석됐다. 이들 82개 상장회사 중 사영기업과 외자기업 등 비국유기업은 20개에 이른다. 이들 20개 대형 제약업체들은 전체 사영기업의 평균이윤 수준을 넘어서는 효율을 발휘하는 것으로 조사됐다.

세번째 주목할 업종은 통신분야다. 통신업종의 사영기업은 중국의 사영기업 중 우량기업이 가장 많이 포진한 것으로 평가된다. 해외유학이나 해외 사업경험을 가진 엘리트 기업인들이 이 분야에서 많이 활동하고 있다. 이들은 인터넷을 비롯한 IT관련 분야와 리튬전지 등 통신기기 보조장비 분야에서 외국기업을 제치고 시장점유율을 확대하고 있다.

통신분야 업종에서 400대 사영기업인에 든 사람은 10명에 미치지 못했으며 순위도 하위에 머물렀다. 하지만 중국의 IT·전자분야 발전에 힘입어 이 분야의 기업인들은 조만간 사영기업계에서 주도적인 위치로 부상할 전망이다.

석유와 천연가스 관련업종도 발전 잠재력이 매우 높은 분야로 지목된다. 석유·천연가스 업종에서 400위 사영기업인에 포함된 사람은 2명에 불과했다. 하지만 중국의 서부대개발 계획에서 서기동수(西氣東輸) 등 대규모 사회간접자본 투자가 진행되고 있어 사영기업인들에게 열린 시장기회는 아주 많다.

서부지역의 석유와 천연가스를 파이프라인을 통해 동부지역으로 끌어오는 서기동수는 서부대개발의 4대 인프라 건설사업의 하나다. 나머지 3대 인프라 사업은 서부의 전기를 동부로 끌어오는 서전동송(西電東送), 장강의 물을 황하 북부로 끌어오는 남수북조(南水北調) 및 칭장철로(靑藏鐵路)다. 칭장철로는 칭하이(靑海)성 시닝(西寧)과 시장(西藏, 티베트)자치구의 라싸를 연결하는 철로다.

석유와 천연가스 분야에서 사영기업들은 자본의 제약상 파이프라인의 골간을 맡기는 어렵다. 대신 이들은 지선 건설이나 관련부품 조달서비스에 참여함으로써 서부대개발의 과실을 얻고 있다.

철강가공 및 비철금속과 석탄채굴 등 광산업도 정부의 시장화정책에 따라 사영기업 자본이 대거 몰리는 분야다. 400대 사영기업인 중 광산업을 주력업종으로 하는 사람은 1명에 그쳤다. 하지만 정부가 광산업을 종래의 행정관리 방식에서 탈피해 시장원리에 내맡김에 따라 사영기업이 뛰어들 공간은 거의 무한하다 할 정도로 넓어지는 상황이다.

한 예로 중국정부는 2002년 8월 금광 채굴권을 처음으로 경매를 통해 민간업자에게 판매했다. 중국정부는 광산업을 시장화하기 위해 광업권을 공개입찰이나 경매를 통해 민간에 넘기기 시작했다.

미성숙한 만큼 미래도 밝은 사영기업

중국의 대규모 사영기업이 부동산 등의 유형자산을 중심으로 하는 업종에 밀집된 것은 시장이 성숙하지 못했다는 것과 상통한다. 아울러 사영기업의 발전이 자체 경쟁력보다는 정부의 개발정책이나 투자개방 정책에 의해 좌우된다는 점을 보여준다.

이 점은 미국기업과 비교하면 더욱 분명해진다. ≪포브스≫가 발표한 2002년 미국의 부자 순위를 보면 소매체인 월마트, 소프트웨어와 IT산업의 대표주자 마이크로소프트, 그리고 언론매체와 오락분야 기업인들이 상위를 차지했다. 이것은 미국과 같이 성숙한 시장경제에서는 무형자산이나 독특한 비즈니스모델에 바탕을 둔 업종이 창업과 부의 창조로 이어진다는 것을 보여준다.

중국 사영기업이 세계에서 차지하는 위치는 매우 낮다. 2002년 미국의 경제전문지 ≪포춘≫이 발표한 세계 500대 기업에 포함된 중국 사영기업은 하나도 없다. 세계 500대 기업에 중국기업이 11개가 들긴 했지만 모두 국유기업이었다. 중국 사영기업이 세계적 기업의 대열에 끼기 위해서는 아직도 갈 길이 멀다.

세계 500대 기업에 랭크된 중국의 11개 국유기업은 국가전력공사(國家電力公司, 60위), 중국석유천연기집단공사(中國石油天然氣集團公司), 중국석유화공고분유한공사(中國石油化工股分有限公司), 중국전신(中國電信), 중국공상은행(中國工商銀行), 중국은행(中國銀行), 중국이동통신공사(中國移動通信公司), 중국화공진출구총공사(中國化工進出口總公司), 중국건설은행(中國建設銀行), 중국양유식품진출구유한공사(中國糧油食品進出口有限公司), 중국농업은행(中國農業銀行, 471위)이다.

이들 기업은 모두가 사실상 국가독점 분야를 맡고 있다. 행정적으로 주어진 독점적 위치를 이용해 독점이윤을 얻는 덕분에 거대한 규모를 자랑한다. 하지만 전체 외형에 비해 효율성은 크게 뒤떨어진다.

중국 국가전력공사와 ≪포춘≫이 선정한 세계 500대 기업의 36위에 선정된 미국의 아메리칸 일렉트릭파워를 비교해 보자. 아메리칸 일렉트릭파워는 2002년 매출액 612억 달러에 이윤 9억 7,000만 달러를 기록했지만 고용인력은 총 2만 7,000명에 불과했다. 이에 비해 2002년 매출액 487억 달러에 이윤 9억 8,100만 달러를 낸 랭킹 60위 중국 국가전력공사의 고용인력은 116만 명이었다. 아메리칸 일렉트릭파워에 비해 40배 정도의 인력을 고용하면서도 매출액은 크게 뒤진 것이다.

2003년 7월 ≪포춘≫이 발표한 2003년 세계 500대 기업에도 중국기업은 전년과 마찬가지로 국유기업 11개가 포함됐다. 2003년 ≪포춘≫의 세계 500대 기업에는 아시아의 기업 116개가 순위에 들었다. 이 중 일본기업이 88개로 가장 많았고, 다음은 한국기업으로 13개였다. 중국기업이 11개, 타이완(臺灣)기업이 1개였으며, 홍콩기업은 없었다.

2. 중국 사영기업은 가족기업

중국 사영기업은 절대다수가 가족기업(家族企業)의 형태로 경영
된다. 가족기업은 창업자와 그 일족이 기업을 소유하거나 절대적
지배권을 갖고 있는 이른바 족벌기업을 의미한다. 경영 측면에서
가족기업은 창업자 일족이 기업의 핵심 직책들을 독점해 경영 전
반을 총괄하는 형태를 띤다. 따라서 가족기업은 창업자를 비롯한
특정 집안이 소유와 경영을 통일적으로 지배하는 기업구조를 일컫
는다. 가족기업은 중국 비국유부문 경제의 주도적인 경영형태로서
중국 사영기업가들의 의식형태와 경제구조의 현주소를 반영한다.
가족기업은 최근 들어 사영기업의 경영 현대화와 경쟁력 강화 차
원에서 개혁대상으로 거론되는 경우가 많다.

2003년 1월 28일자 《중화공상시보》에 따르면 2002년 말 현
재 중소기업은 중국 전체 기업수의 99%를 점하는 것으로 집계됐
다. 소유형태에서 중소기업의 거의 대부분은 비공유제(非共有制) 기
업, 즉 사영기업이었다. 이들 사영기업 중 가족기업의 형태로 경영
되는 비율이 90%가 넘었다. 이런 점에서 가족기업은 현단계에서
중국의 보편적인 기업경영 형태다.

중국의 가족기업은 일종의 문화현상으로 해석된다. 자식이 아버지의 사업을 이어받는 이른바 자승부업(子承父業)을 당연시하는 문화적 전통과 관계가 있다는 설명이다. 현재 사영기업은 창업 1세대가 경영의 핵심을 이루거나, 2세대로 계승이 이뤄지는 단계에 있다. 중국 굴지의 사영기업들을 보자. 만향그룹(萬向集團) 루관치우(魯冠球)의 아들 루웨이딩(魯偉鼎)이 그룹 총재, 훙떠우(紅豆)그룹 저우야오팅(周耀庭)의 아들 저우하이홍(周海紅)이 그룹 제1부주석, 화시(華西)그룹 우런바오(吳仁寶)의 아들 우시에둥(吳協東)이 그룹의 총경리, 헝띠앤(橫店)그룹 쉬원롱(徐文榮)의 아들 쉬용안(徐永安)이 그룹 동사장에 임명된 것은 2세가 창업주를 승계한 대표적인 예다.

가족기업이 보편적인 것은 또 사영기업이 개혁개방 이후 출현해 역사가 20여 년에 불과하다는 사실과 연관이 있다. 사영기업의 소유와 경영이 사회화되기에는 아직 충분한 시간을 갖지 못했다는 것이다.

정치·경제적인 구조도 가족기업을 강화하는 요인으로 지적된다. 주식시장이 충분히 발달하지 않은 데다 사영기업의 증시 상장이 매우 어려워 기업의 사회화 통로가 좁다. 2003년 1월 7일자 ≪중국경영보≫에 따르면 2002년 말 상장기업 1,200여 개 중 80% 이상이 국유기업이었다. 사영기업과 사실상 개인이 소유주인 향진기업 등 비국유 상장기업은 140여 개에 불과했다.

부의 세습을 견제하기 위한 상속세와 같은 정책적 메커니즘이 정비되지 못한 것도 한 요인이다. 중국정부는 경제발전 초기단계에 부과되는 무거운 상속세가 오히려 사영기업의 창업 분위기와 성장활력을 해칠 것으로 우려하기도 한다.

창업주 일가가 제왕적 영향력 행사

이런 요인들로 인해 사영기업이 상장된다 하더라도 창업주 일가가 절대적 지분을 갖는 일고독대(一股獨大) 현상이 계속된다. 한 예로 상하이 증시에 상장된 세무투자(世茂投資)그룹은 2002년 말 현재 창업주인 쉬룽마오(許榮茂)와 부인, 두 자녀가 전체 주식의 93.33%를 소유한다. 문화적·제도적 요인으로 인해 기업이 창업자의 개인재산으로 계속 존재하게 되는 셈이다.

경영 측면에서는 전문경영인 제도가 정착되지 않은 것이 가족기업을 재생산하는 원인으로 지적된다. 전문경영인 집단이 거의 존재하지 않을 뿐 아니라 전문경영인 양성체계도 시작단계에 불과해 인재집단에 한계가 있다는 것이다. 해외에서 학위를 획득했거나 경영경력을 쌓은 유학파(海歸派)가 있지만 전문경영인으로 자리잡는 데는 많은 제약이 따른다. 2003년 3월 17일자 ≪인민일보≫에 따르면 자본금이 일정기준 이상인 전국의 기업수는 34만 개에 달했다. 이에 따라 최소한 30만 명의 전문경영인이 필요하지만 현재 중국의 전문경영인은 1만 2,000명 수준에 불과하다.

중국에서 직업경리인(職業經理人)으로 불리는 전문경영인은 경영관리를 장기적 직업으로 하고, 직업과 관련된 일정한 소질과 능력을 가지고 있으며, 기업 경영권을 실제로 행사하는 사람으로 정의된다.

전문경영인 제도가 정착하기 위해서는 무엇보다 사회적 신용구조가 확립돼야 한다. 나아가 기업 소유주와 전문경영인 사이의 신뢰가 전제돼야 한다. 이를 위해서는 전문경영인이 과학적으로 검

증된 경영능력과 도덕성을 가져야 한다.

특히 소유주와 전문경영인 사이에 위탁·수임관계가 안정되기 위해서는 재산권에 대한 국가의 제도적 보장이 선행돼야 한다. 재산권에 대한 제도적 보장체제 미비와 전문경영인에 대한 불신이 전문경영인 제도의 정착을 가로막는 요인이다.

실제로 중국에서는 전문경영인이 제도적 허점을 이용해 회사재산을 횡령하거나 지적 재산권(知識産權) 등 회사정보를 유출하는 경우가 잦다. 전문경영인에 대한 사회적 신뢰는 당연히 떨어지게 마련이다.

국제화 논리에 밀리는 가족기업

그럼에도 불구하고 가족기업 개혁을 주장하는 목소리가 힘을 얻는 것은 기업 지배·경영구조의 현대화와 국제화가 필요하기 때문이다. 특히 사영기업의 규모가 커짐에 따라 가족기업식 경영이 비효율적이라는 주장이 설득력을 얻는 추세다. 아울러 가족기업이 전문경영인 체제의 발전을 막아 인재양성에 걸림돌이 될 뿐 아니라 인재들이 능력을 발휘할 기회를 박탈한다는 지적도 나온다.

최근 중국에서 가족기업을 둘러싼 논쟁의 초점은 가족기업이 경영의 효율성에 긍정적인지 부정적인지에 모아진다. 사영기업 규모의 성장을 감안할 때 현단계에서 가족경영이 기업 내부의 관리비용과 거래비용을 증가시키는 요인으로 작용하는지 여부가 관건이란 이야기다.

이미 일정 규모로 성장한 사영기업이 지속적으로 발전하기 위해서는 필연적으로 경영을 제도화해야 한다는 것이 가족기업 개혁의 논거다. 사영기업 발전의 초기단계에서는 가족경영이 효율적이라 하더라도, 기업이 안정화단계로 나아가기 위해서는 가족기업의 틀을 벗어야 한다는 논리다.

소규모 기업에서는 가족경영이 창업자의 의지와 가족간 유대, 신뢰성 덕분에 관리비용과 거래비용을 낮추는 데 긍정적으로 작용한다. 가족적 질서에 따른 의사결정과 업무추진, 가업에 대한 강한 애착심 등으로 인해 경영의 효율과 기업의 성장을 촉진할 수 있다. 이 경우 가족간 응집력은 경영에서 공식적 규율이나 법률 이상의 효율성을 가져온다.

결론적으로 가족경영은 창업 초기단계에서 비공식적 유대관계에 기반을 둔 가족 책임제를 통해 기업 발전에 중요한 역할을 한다. 하지만 기업이 일정 규모 이상으로 성장하기 위해서는 자본구조가 달라져야 하고, 이를 위해서는 전문인재 영입을 비롯한 경영방식의 변화가 불가피하다. 아울러 전문인재로 하여금 능력을 최대한 발휘하도록 하기 위해서는 권한이양 등 경영의 제도화가 필수적으로 요구된다. 이 주장은 결국 기업이 가족성원만으로는 통제하기 어려운 규모로 성장했음에도 불구하고 경영구조를 바꾸지 않았을 때 성장이 정체된다는 것이다.

2세 계승자를 비롯한 가족성원의 경영능력이 부족할 경우 제도화의 필요성은 더욱 커진다. 2003년 6월 13일 중국 ≪시장보≫는 가족기업의 2세 계승에 관계되는 3가지 변수로 창업자의 자녀 수, 자녀들의 가업승계 희망 여부, 자녀들의 기업관리 능력을 들었다. 이들 3가지 변수가 합리적으로 작용하지 않으면 순조로운 계승이 어려울 뿐 아니라 2세 집단 내부에 분열과 다툼이 발생하기 쉽다는 것이다.

2003년 6월 6일자 ≪인민일보≫는 지금까지 중국 사영기업의 발전을 3단계로 나누며, 사영기업가들이 3차에 걸친 창업을 해왔다고 설명했다.

1차 창업(개혁개방~1980년대 말)은 적수공권에서 시작한 창업주들이 자본의 원시적 축적(原始積累)을 이루어 기반을 잡는 단계다. 2차 창업(1990년대 초~1997년 전후)은 1차 창업한 기업의 일부가 상대적인 규모의 경제를 이루는 단계다. 3차 창업은 2000년대 들어 부분적으로 시작됐으며, 2차 창업의 단계를 지나 기업이 지속적으로 발전할 수 있는 기초를 닦는 단계다. 3차 창업단계에서는 특히 외부인재를 영입하고 재산권 재편을 완성해 현대적 주식회사제를 도입하게 된다. 나아가 자본운용 등을 통해 더 큰 규모의 경제를 이루게 된다. ≪인민일보≫는 3차 창업은 자본규모가 1억 위안을 넘는 대형 사영기업의 지속적인 발전을 위해서 필수적이라고 주장했다. 3차 창업단계에서는 기업관리의 제도화를 지향한다는 점에서 기업이 창업자의 인치(人治)에서 조직이 우선되는 법치(法治)로 이행하게 된다.

중국의 가족기업엔 장점도 많다

우찡리앤(吳敬璉) 같은 중국의 저명 경제학자들은 현단계에서 가족기업을 일률적으로 비판하는 것에는 문제가 있다고 주장한다. 2003년 4월 17일자 ≪중화공상시보≫에 따르면 우찡리앤 교수는 서방 선진국에서도 모든 기업이 현대적 회사제도를 도입하고 있는 것이 아니라고 강조했다. 그는 또 특수한 기술에 근거한 소규모 업종에서는 가족경영이 더 효율적일 수 있다고 말했다. 미국 계간지 ≪패밀리 비즈니스(Family Business)≫ 2003년 제1판(겨울판)에 따르면, 세계 200대 가족기업 중에는 미국기업이 99개, 프랑스기업이 17개, 독일기업이 17개가 포함돼 있다. 자산가치로 볼 때 1위 가족기업은 미국의 월마트, 2위는 미국의 포드사, 3위와 4위는 한국의 삼성과 LG, 5위는 프랑스의 까르푸 등의 순이었다. 미국 경제 전문지 ≪포춘≫이 선정한 2002년 세계 500대 기업에서도 175개가 가족기업으로 나타났다. 더욱이 미국 중소기업은 80%가 가족기업인 것으로 조사됐다.

≪패밀리 비즈니스≫와 ≪포춘≫의 조사는 경영형태를 제외한 주식소유 상황만 고려했다. 따라서 가족기업으로 분류됐다 하더라도 중국 사영기업처럼 창업주 일족이 소유와 경영을 통합하고 있는 기업은 많지 않다.

이와 달리 홍콩과 타이완, 동남아 각국의 화교기업에서는 여전히 창업주 일족이 소유와 경영을 통합하고 있는 비율과 통합의 정도가 비교적 높다. 이런 점에서 중국의 가족기업은 전통적 가치관과 어느 정도 친화성을 갖고 있다고 볼 수 있다.

2003년 1월 2일 ≪21세기 경제보도≫는 중국 사영기업이 계속 성장하기 위해서는 가족기업의 틀을 점진적으로 탈피해야 한다며 3가지 개방을 제안했다.

첫째는 재산권의 개방이다. 증시 상장 등을 통해 창업주 일족이 절대적 지분을 소유하는 상황을 개선해야 한다. 둘째는 재무상황공개다. 재무상황에 대한 정보공개 없이는 증시 상장은 물론이고 투자자의 신뢰를 얻기도 어렵다. 셋째는 자리의 개방이다. 경영진으로 외부의 전문적 인재를 수용하지 않으면 국제적 경쟁에서 살아남기 어렵다.

중국정부도 사영기업의 국제경쟁력을 높이고 가족기업의 사회화를 지원하기 위해 전문경영인 육성에 적극 나섰다. 국가계획위원회는 2002년 '국제 전문경영인'(International Professional Manager: IPM) 자격인증 체계를 도입했다. 국제적인 기준을 통과한 전문경영인 집단을 양성함으로써 기업의 신뢰성을 제고하려는 조치다.

3. 화상은 사영기업인의 미래

사영기업은 중국의 새로운 사회경제적 현상이다. 신중국 건국 이후 현대적 의미의 개인소유 기업이 생겨난 것은 개혁개방 이후가 처음이다. 사영기업이 중국적 특색의 기업이라면 앞으로의 발전방향은 어떻게 될까? 이 의문에 대해서는 중국인의 문화적 전통을 공유하고 있는 해외의 화교기업이 하나의 시사점을 제공한다.

우선 화교를 보자. 일반적으로 화교는 중국대륙을 떠나 해외에 정착한 중국인을 말한다. 시대적으로 화교는 멀리는 명나라와 청나라 교체기의 혼란을 피해 해외로 떠난 유민과 가까이는 국공내전의 혼란을 피해 떠난 집단에 이르기까지 다양하다. 현재 화교의 총수는 전세계적으로 5,400만 명에 달한다. 이들 화교 중 90% 이상은 타이완과 홍콩, 동남아 각국에 거주한다.

화교(華僑)는 개념적으로 화인(華人)과 구별하기도 한다. 화인은 중국인 혈통을 가진 모든 사람을 지칭하는 데 반해, 화교는 해외에 거주하더라도 중국 국적을 유지하는 사람을 의미한다. 하지만 일반적으로 양자는 구분 없이 해외에 거주하는 중국 혈통 계승자를 통칭해서 쓰인다.

전세계 화교 중에는 막대한 부를 축적한 기업인과 부호들이 많다. 화교 기업인은 흔히 화교상인이란 의미의 화상(華商)으로 불린다. 거대 화상들은 주로 홍콩과 타이완, 동남아를 무대로 한다. 이들은 현재 중국에서 부상하고 있는 사영기업인의 미래를 비춰볼 수 있는 타임머신 역할을 한다. 화상들이 중국인에 독특한 의식구조와 경영마인드를 갖고 있기 때문이다.

홍콩 주간지 ≪아주주간(亞洲周刊)≫이 선정한 '2001년 전세계 500대 화상'에 따르면 500대 화상기업의 주가총액은 4,567억 달러로 집계됐다. 조사시기와 방법은 2001년 6월 29일 현재의 상장주식 시가를 기준으로 했다.

500대 화상의 지역별 분포는 타이완 211개, 홍콩 140개, 싱가포르 59개, 말레이시아 52개, 필리핀 18개, 태국 12개, 인도네시아 8개였다. 지역별 기업의 시가총액은 홍콩 2,032억 달러(전체의 44.5%), 타이완 1,593억 달러(34.89%), 싱가포르 496억 달러(10.88%)였다. 말레이시아, 태국, 필리핀, 인도네시아의 시가총액 비율은 각각 5.08%, 1.78%, 1.68%, 1.19%였다. 상위 10대 화상에는 홍콩기업이 1, 2, 3위를 비롯해 6개가 포함됐고 타이완은 3개, 싱가포르는 1개가 들어갔다.

화상 기업인도 지역마다 성격차이

사업부문별로 화상기업은 타이완에서는 전자·컴퓨터와 제조업에 강하고, 홍콩에서는 부동산, 싱가포르에서는 금융업에 강한 것으로 나타났다. 타이완기업은 전자·컴퓨터부문의 1~10위를 독

차지했을 뿐 아니라 제조업부문에서도 상위 10위 중 9개 자리를 차지했다. 홍콩기업은 부동산부문의 1~4위, 싱가포르 기업은 은행부문 1~3위를 석권했다.

화상 최대 부호는 홍콩의 리지아청(李嘉誠)이다. 리지아청이 최대 주주인 화기황포(和記黃埔)유한공사(주식시가 430억 달러)는 2001년까지 5년 연속 500대 화상기업 중 1위를 차지했다. 아울러 그가 총수로 있는 장강실업(長江實業)유한공사(주식시가 252억 달러)는 2위에 올랐다. 리지아청은 2001년 미국 경제지 ≪포브스≫가 선정한 세계 부호 서열에서도 18위에 올라 아시아 최고 부자로 기록됐다. ≪포브스≫지의 2003년 세계 부호 순위에서 리지아청은 2002년의 23위에서 5위가 떨어져 28위를 기록했지만 아시아 1위 자리를 계속 유지했다. 2003년 ≪포브스≫지에 따르면 리지아청의 개인 재산은 78억 달러로 집계됐다. ≪포브스≫지가 선정한 2003년 세계 부호 중에서 아시아 부호는 모두 61명이었으며, 이 중 홍콩 부자가 11명이었다. 리지아청의 화기황보유한공사는 개발도상국 최대의 다국적기업으로서 세계 30여 개 지역에서 10만여 명을 고용하고 있었다. 화기황보는 투자의 다원화와 세계화를 통해 이윤의 70% 이상을 홍콩 이외 지역에서 획득하고 있다.

화상의 성공에는 독특한 사회문화적 배경이 있는 것으로 이야기된다. 홍콩 화상은 영국 통치기간에 매판자본가로 자본을 축적하는 과정에서 이중적 정체성을 형성했다. 이에 따라 정치적 보수성이 강하고 정치적 줄타기에 능숙하다. 매판자본가는 외래의 식민지 종주국 기업과 현지 경제를 중개하는 과정에서 부를 축적한 식민지지역 토착자본가를 말한다.

화상의 의식구조는 효율을 중시하는 서양의 '도구적 이성'과 중국의 '유교윤리'가 결합된 형태를 띤다. 경영에서 의리를 중시하고 기업을 가업으로 여기는 경향은 유교윤리의 영향으로 설명된다.

각국의 화상도 가족기업이 주류

일반적으로 화상기업은 가족기업의 성격이 강하다. 홍콩의 경우 개인 또는 그 가족성원이 발행주식의 35% 이상을 소유하는 기업이 전체 상장기업의 77%에 이른다. 아울러 가족성원이 그룹 내 절반 이상 계열사의 최고경영자를 맡고 있는 기업은 상장기업의 30%가 넘는다. 타이완과 싱가포르도 정도의 차이는 있지만 사정은 크게 다르지 않다. 1997년 타이완의 기업집단 97개 중에서 가족기업은 81개로 전체의 86.6%를 차지했다. 기업집단(企業集團)은 다수의 계열사를 거느린 대기업을 의미하며 한국의 대기업그룹과 비슷하다. 타이완의 81개 기업집단 중에서 각 계열사의 핵심지위를 한 가문의 가족성원이 독차지하고 있는 곳은 56개였다. 두 개 가문의 가족성원이 계열사의 핵심지위를 차지하는 기업집단은 18개였다. 가문이 복수인 것은 혼인을 통해 집안에 새롭게 편입된 인척들을 기용하기 때문이다. 타이완의 81개 기업집단 중에서 가장이 본사와 계열사의 동사장이나 총경리직을 대부분 겸임하는 곳은 23개에 달했다. 예를 들어 대동(大同)집단의 동사장 린팅성(林挺生)은 그룹 내 36개 자회사 중 17개 회사의 동사장을 겸임한다. 신광(新光)집단의 동사장 우둥찐(吳東進)은 자회사 21개 중 17개 회사의 동사장을 맡는다. 싱가포르의 숭교(崇僑)은행 그룹도 싱가포르를 비롯한 동남아와 중국 각지에 있는 자회사를 호(胡)씨 가문의 자녀와 사위들이 경영하고 있다.

가족기업은 응집력과 끈기가 강한 반면 단점도 많다. 인재등용에서 능력보다 친소관계가 중시되고, 창조성보다는 충성과 화목 등 가부장적 질서가 우선되기 쉽다. 아울러 전통의 부담이 크고, 기업의 미래가 후계자의 능력에 크게 좌우되는 단점이 있다.

하지만 홍콩과 타이완의 성공한 화상기업은 가족기업의 폐단을 최소화했다는 공통점이 있다. 가족경영의 틀 위에서 현대적 기업제도를 도입하고, 총수가 모범을 보임으로써 창조적 기업문화를 만들었다. 특히 후계자에 대한 엄격한 교육은 홍콩 화상의 특징이다. 홍콩 화상은 대부분 장자승계 전통에 따라 후계자를 일찌감치 결정하되, 후계수업을 매우 엄격하게 시킨다. 어릴 때 용돈을 맥도날드나 가게, 골프장 아르바이트를 통해 스스로 벌어 쓰도록 하는 경우가 많다. 교육은 대부분 동서양의 우수한 문화를 골고루 받아들이도록 배려한다. 홍콩에서 명문 초·중학교를 다니게 한 뒤 미국이나 영국으로 유학시키는 방식이다. 후계자에게는 어릴 때부터 각종 회의에 참석시켜 경영과 협상기술, 관리철학을 체득할 기회를 준다.

화상을 알려면 리지아청을 살펴라

대표적인 예가 최대 화상인 리지아청이다. 리지아청이 총수로 있는 장강실업은 현재 그의 두 아들이 주요 사업부문을 나누어 떠맡아 후계체계의 골격을 형성했다. 장남 리쩌쥐(李澤鉅, 1964년생)와 차남 리쩌카이(李澤楷, 1965년생)가 그들이다. 리지아청은 두 아들을 8, 9세 때부터 그룹 이사회 회의석상 한쪽에 앉혀놓고 회의를 지켜보게 했다. 리지아청에 따르면 아들에게 사업을 가르치려고 이렇게 한 것은 아니었다. 그는 사업이 얼마나 어렵고 노력을 기울여야 하는 것인지를 인식시키기 위해 아들에게 회의를 방청하도록 했다. 리지아청은 특히 아들에게 회사의 간부들을 존중하고 예의를 갖추도록 엄격히 교육하고 근면검소를 미덕으로 가르친 것으로 유명하다.

리지아청은 두 아들을 홍콩의 최고 명문학교인 성 바오로학교에서 초등학교와 중학교를 마치게 한 뒤 미국으로 유학을 보냈다. 성 바오로학교에서 두 아들은 성적이 매우 좋았을 뿐 아니라 갑부 집안의 티를 내지 않고 친구들과 어울려 탁구를 즐겨 쳤다고 한다.

리지아청은 두 아들이 미국에서 스탠포드대학에 입학하기 전인 고등학교 시절에 용돈을 스스로 벌어 쓰게 했다. 두 아들은 주말이나 휴일에 골프장과 테니스장에서 공을 줍는 아르바이트를 통해 용돈을 벌었다. 리지아청은 두 아들에게 자동차 대신 자전거를 사주고 교통수단으로 사용하도록 했다. 리지아청은 장남이 미국에서 아르바이트로 번 돈으로 가난한 친구의 학비를 보태준 사실을 알고 크게 기뻐했다고 한다.

스탠포드에서 장남은 토목공학을 전공했고, 차남은 컴퓨터공학을 전공했다. 장남이 토목을 전공한 것은 그룹의 주력사업인 부동산을 고려했기 때문이다. 차남에게는 본래 형과 상호 보완할 수 있도록 상과대학을 가기를 바랐지만 차남이 스스로 진로를 택했다고 한다.

대학 졸업 후 장남은 귀국해 아버지 기업에서 말단부터 시작해 일을 배운 반면, 차남은 캐나다로 가서 4년간 투자은행에 취직해 컴퓨터 업무를 했다. 차남은 4년 뒤 부친의 부름을 받고 귀국해 역시 부친의 회사에 말단으로 들어갔다. 말단부터 실전훈련을 쌓은 뒤 장남 리쩌쥐는 1994년 장강실업의 그룹 부주석에 임명됐다. 차남 리쩌카이는 그룹 내의 전자통신·방송부문을 맡고 있다. 리쩌카이의 개인재산은 10억 달러로 2003년 ≪포브스≫지가 선정한 세계 500대 갑부에 들었다. 그는 홍콩의 11번째 갑부이기도 하다.

리지아청과 아들 사이에는 재미있는 일화가 있다. 차남이 귀국한 뒤 "월급이 캐나다에 있을 때의 10분의 1밖에 안 된다"고 하자 리지아청은 "나는 더 적다"고 말했다고 한다. 실제로 리지아청은 사회사업에 거액을 기부하지만 일상생활이 매우 검소한 것으로 유명하다. 현재 리지아청은 10년 전에 산 양복을 외출복으로 입고 있고 싸구려 일본 손목시계를 차고 있는 것으로 알려졌다.

화상기업의 또 다른 경영상의 특징은 업종 전문화보다는 다원화가 일반적이라는 것이다. 화상기업은 대부분 그룹 본사 아래 업종이 다른 다수의 자회사나 계열사를 거느리고 있다.

타이완 최대 기업집단인 화신(和信)집단은 시멘트산업을 중심으로 하는 제조업뿐 아니라 중국 신탁집단 위주의 금융업 및 부동산, IT, 석유화학, 항공운수, 은행업에까지 손을 뻗치고 있다. 화신집단의 총수인 구쩐푸(辜振甫, 1917년생)는 '유교 기업인'으로 불릴 만큼 가족적 질서를 중시한다. 화신집단도 당연히 타이완의 5대 가족기업으로 지칭될 만큼 족벌 지배체제를 구축했다. 다원화경영은 타이완의 최대 제조업 그룹인 포모사플라스틱(臺塑)집단과 리지아청의 장강실업도 마찬가지다. 이러한 행태는 한국식으로 말하면 문어발 경영이라고 할 수 있다.

하지만 화상들은 다원화경영을 경기변동에 대응한 위험분산 및 그룹 계열사간의 협력을 통한 시너지효과 측면에서 더 중시한다. 위험분산은 "모든 달걀을 한 바구니에 담지 말라"는 격언을 상기하면 된다. 여러 업종에 투자하고 있을 경우 특정 업종이 불황에 빠지더라도 경기가 괜찮은 다른 업종에서의 수익으로 보완할 수 있다는 것이다.

화상과 화상기업의 행태는 선진국의 기업경영 스타일과는 분명히 다른 점이 있다. 하지만 그렇다고 해서 이것을 전근대적이라고 단정할 수만은 없다. 이런 점에서 화상과 화상기업은 중국 사영기업과 사영기업인의 미래를 점칠 수 있는 일종의 모델역할을 한다.

중원의 거대 사영기업인들

개혁개방의 역군 사영기업인

　개혁개방 이후 20여 년에 걸친 중국 사영기업의 발전사는 어떻게 보면 무수한 기업의 사망 연대기가 될 것이다. 명멸한 수많은 사영기업은 또 다른 기업의 발전을 위한 밑거름 역할을 했다. 오늘날 중국의 거대 사영기업인들은 스러져간 기업인들의 무덤을 밟고 서서 새로운 도약을 준비하고 있다. 거대 사영기업인들은 척박한 중국의 시장경제 토양 위에서 성장해 나와 이젠 국제무대에서 세계경영에 나서기 시작했다.

　사영기업인들은 이제 거대한 중국시장이 주는 다양한 이점을 향유하고 있다. 자체 소비시장을 이용할 뿐 아니라 중국시장을 보고 밀려오는 외국기업과 더욱 좋은 조건 하에서 협력할 수 있게 됐다.

　하지만 여기에 이르는 과정은 결코 순탄치 않았다.

어느 사회든 군계일학(群鷄一鶴)의 존재는 있다. 물론 저절로 그런 존재가 되는 것은 아니다. 성공한 중국의 사영기업인들도 마찬가지다. 어떤 이는 부족한 현대적 경영노하우를 노력이나 신용으로 만회하며 한발 한발 전진했고, 어떤 이는 천재적인 안목으로 변화를 앞질러 나갔다. 또 다른 이는 해외에서 체득한 경험을 중국 상황에 접목시켰다. 중국경제의 발전과정은 거대 사영기업인들의 좌절과 성공의 드라마와 궤를 같이한다.

1. 사영기업계의 상록수 루관치우

　루관치우(魯冠球)는 중국 사영기업계에서 상록수(常靑樹), 또는 오뚝이(不倒翁)로 불리는 가장 모범적인 기업인 중 한 사람이다.
　그는 개혁개방이 시작되기 이전 인민공사(人民公社)의 생산대대(生産大隊) 소속 농기구 수리점 경영에서 출발해 중국 굴지의 사영기업을 일궈낸 특이한 경력을 가지고 있다. 일반적인 사영기업가들이 개혁개방 이후에 사업에 투신한 것과는 구별된다. 루관치우는 기업경영 기간도 일반적인 사영기업가들이 20년에 못 미치는 데 비해 30년 가까운 경력을 갖고 있다. 이런 점에서 그는 오늘날 중국 사영기업 발전의 산 증인으로 통한다.
　루관치우의 기업은 현재 명목상 향진기업(鄕鎭企業)으로 돼 있다. 향진기업은 명목상으로는 소재지 지방정부의 소유로 돼 있지만, 실질적으로는 개인소유인 경우가 많다. 루관치우 역시 그가 창업하고 성장시킨 만향집단(萬向集團)의 실질적 소유주다. 대부분의 향진기업 최고경영자처럼 그도 정치적으로는 공산당원이다. 그는 기업계의 대표로서 1998년 3월 제9차 전국인민대표대회에서 대표로 당선됐다. 하지만 적극적인 정치활동은 하지 않고 있다.

루관치우는 1969년 종업원 7명과 함께 자본금 4,000위안으로 저장(浙江)성 닝웨이(寧圍)향 인민공사에 소속된 시아오산(蕭山) 닝웨이 농기계공장을 대리 관리하면서 본격적인 기업활동을 시작했다. 이후 10년간 다각경영을 통해 성장을 위한 자본금을 마련했다. 1980년대에 들어 세 차례의 사업확장에 성공했으며, 이를 바탕으로 1994년 주력사인 만향전조(萬向錢潮)를 선쩐 증시에 상장시켰다. 그는 증시 상장을 통해 안정적인 자금줄을 마련함으로써 성장에 탄력을 얻게 됐다.

■ 루관치우 프로필

▲부호 랭킹

△≪포브스≫지 선정 '2003년 중국 100대 부호 순위' 4위 (2002년 4위, 2001년 7위) / 개인재산 6억 8,700만 달러

△≪신재부≫지 선정 '2003년 중국부호 순위' 2위 / 개인재산 52억 4,000만 위안

△≪유로머니(*Euromoney*)≫지 선정 '2003년 중국 100대 부호 순위' 4위 / 개인재산 54억 위안

△2003년 ≪유로머니≫지 선정 '가장 영향력 있는 중국 부자 10명' 중 2위

▲연령: 59세(1944년생)

▲출생지: 저장성 항저우(杭州)시

▲학력: 중졸

▲주요 기업: 저장성 만향집단(萬向集團)

▲직위: 만향집단 동사국(이사회) 주석

▲본사 소재지: 저장성 항저우시

▲주요 업종: 자동차 부품

▲기업 상장시기: 1994년 1월 선쩐 증시(萬向錢潮) / 2001년 8월 미국 나스닥 상장사(UAI) 인수

▲주요 공직: 1998년 9차 전국인민대표대회 대표 / 2000 만향집단 당위원회 서기

루관치우는 신중국 건국 이전인 1944년 저장성 항저우시 교외 닝웨이향의 가난한 농가에서 태어났다. 부친이 상하이의 제약공장에서 일했기 때문에 어린 시절 그는 고향에서 모친과 함께 생활했다. 가족들은 하급직원인 부친이 부쳐오는 수입만으로는 생활이 어려웠다. 농사를 겸하긴 했지만 생활이 몹시 쪼들렸다.

그는 신중국 건국 초기 중학교를 졸업한 뒤 고향 근처에 있는 철공소에서 첫 직장을 잡았다. 철공소라고 해야 대장간 수준을 조금 넘어선 규모에 불과했다. 그는 이곳에서 3년간 쇠를 두드리며 쇠와 농기계에 대한 애착을 갖게 됐다. 철공소에서의 경험은 그가 장차 중국 최대의 기계분야 사영기업인으로 성장할 수 있는 밑거름이 됐다.

철공소 견습사원으로 몸을 일으키다

그는 철공소에 취직한 지 3년 만에 철공소가 감원하는 바람에 승진을 앞두고 해고당했다. 잠시 고향에서 농사를 짓긴 했지만 농사로는 가난을 벗어날 수 없다는 사실을 절감했다.

그에게는 천부적인 기업가적 자질이 번득이고 있었다. 그는 고향 마을에 정미소가 없어 주민들이 3km 이상 떨어진 옆 마을로 가야 하는 불편함에 착안해 정미소를 개업할 생각을 하게 됐다. 당시 정미소는 밀가루를 빻거나 국수를 빼는 일이 주업무였다. 그는 친구와 주변 사람들에게 3,000위안을 빌려 정미소 기계를 구입했다. 개업 후 영업은 잘됐지만 얼마 안 있어 무허가 불법 정미소란 이유로 강제 폐업당하고 기계는 3분의 1도 안 되는 값으로 경매에 부쳐지게 됐다. 이 바람에 빚더미에 올라앉아 조상 대대로 살던 집을 팔고 실의에 빠져 잠시 두문불출하기도 했다.

하지만 1966년 문화대혁명이 시작되면서 그는 새로운 기회를 포착했다. 그는 전국적으로 몰아친 혁명의 물결에 인민들이 일은 않고 혁명에 몰두하는 일종의 생산 공백기를 이용했다. 고향의 생산대대 내부에 동업자 5명과 함께 농기계 수리공장을 개업한 것이다. 칼과 낫을 만들고 농기계를 수리하는 것은 물론이고 자전거 수리까지 맡았다. 이 사업은 상당한 성공을 거뒀다. 그에게 이 농기계 수리공장은 앞으로의 성장을 위한 터전이 됐다는 점에서 1차 창업이었다.

1969년 그는 시아오산 닝웨이 인민공사 책임자의 권고로 닝웨이 인민공사의 농기계 수리공장을 접수해서 관리하기 시작했다. 그는 이 수리공장에 지금까지 번 돈을 모두 투자하는 모험을 했다. 집을 짓기 위해 모아놓은 돈은 말할 것도 없고 결혼선물로 받은 라디오까지 처분해 돈을 마련했다. 이것이 그에게는 2차 창업이었다. 그는 여기에서 1969~79년 10년간 자금과 인재, 경영관리 능력이 부족한 상황에서도 농기계에서 각종 기계부품에 이르기까지 백화점식으로 제품을 만들었다. 이 과정에서 그는 사업을 도약시키기 위한 최초의 자본축적을 이루게 됐다.

그는 중국경제에 새 바람을 몰고온 개혁개방에 맞춰 1979년 제품의 전문화로 경영전략을 수정했다. 1980년부터 1989년까지 그의 기업발전 전략은 생산 전문화와 관리 현대화로 요약된다. 특화한 제품이 만향절(萬向節)이었다. 만향절은 각종 기계에 쓰이는 다기능 복합 조인트를 말한다. 각종 기계류의 동력 전달용이나 배관 연결용으로 쓰이는 제품이다. 오늘날 그의 기업 이름도 기계부품 이름인 이 만향절에서 따왔다.

이 과정에서 그는 1983년 보증금 2만 위안을 내고 농기계 수리공장 전체를 도급(承包) 경영하게 된다. 개혁개방에 따라 인민공사 소속의 농기계 수리공장도 향진기업으로 성격이 달라졌다. 도급경영에서는 경영실적에 따라 경영자에게 보너스가 주어진다. 루관치우는 1993년까지 10년간 뛰어난 경영실적 덕분에 300만 위안에 이르는 보너스를 받았다. 하지만 그는 보너스 전액을 종업원 재교육에 쓰거나 주변지역 초등학교 건설비로 기부했다.

1990~1999년 약 10년간은 그에게 3차 창업기라고 할 수 있다. 이 시기에 그는 기업의 그룹화(集團化)와 경영의 국제화를 시작했다. 1990년 루관치우는 향진기업을 만향집단(萬向集團)으로 전환해 그룹으로 재편성하고 자신이 동사장에 취임했다.

그룹 창립과 함께 내건 경영방침은 대집단화와 자회사별 독립채산제 실시, 자본집약적 기업구조 개편, 국제시장 개척을 내용으로 하는 4개 노선이었다. 1994년 1월 선쩐 증시에 주력기업인 만향전조를 상장함으로써 자본조달 파이프를 강화했다. 아울러 기업의 브랜드 관리에 더욱 힘을 쏟기 시작했다. 그는 이미 1984년 중국 자동차 부품업체로서는 최초로 미국시장에 제품을 수출하기 시작했다. 이후 1997년 8월에는 미국 제너럴모터스에 자동차부품을 납품하는 데 성공했다. 얼마 후 포드자동차에도 납품하기 시작했다. 그가 특별히 미국시장에 주목한 것은 자사의 브랜드가치를 높이기 위해서였다.

화교사회를 우회하는 현지화 전략

1990년대 들어 그는 세계무역기구(WTO) 가입에 대비해 저우추취(走出去), 즉 해외진출 전략을 본격화했다. 해외진출은 일반적으로 제품의 해외판매에서 해외 현지생산, 자본의 현지조달로 단계를 높여간다. 자본의 현지조달이 이뤄져야 비로소 기업의 진정한 국제화 또는 현지화(本土化)가 이뤄졌다고 할 수 있다. 그의 대외진출 전략은 현지화와 다국적 기업화에 초점을 맞췄다. 제품 직수출에서 한발 나아가 현지생산, 궁극적으로는 자본의 현지조달에 이르기까지 현지화와 다국적화의 각 단계를 압축적으로 실현하는 것이 그의 목표였다. 이러한 전략에 따라 그는 현재 제너럴모터스와 포드자동차에 대한 부품 제공을 포함해서 총생산량의 3분의 1을 수출한다. 아울러 현지 생산시설을 확충해 지금까지 미국 등 세계 7개국에서 17개 기업을 운영한다.

루관치우는 2001년 8월 28일 미국 나스닥 증시에 상장된 미국기업 UAI를 280만 달러에 인수했다. 이것은 중국 향진기업 최초의 외국기업 인수사례로 기록된다. 주당 1.39달러에 인수한 UAI

주식은 2002년 4달러로 상승했다. 이것은 그가 자본 현지조달 등 현지화의 최고단계에 성공적으로 진입하고 있다는 증거다.

그의 해외 현지화전략은 화교사회를 발판으로 한 것이 아니라 주류사회를 곧바로 공략한다는 점에서 주목할 만하다. 화교사회를 발판으로 할 경우 초기 현지화는 쉽겠지만 장기적 발전에는 불리하다는 것이 그의 지론이다. 현재 만향그룹의 자회사들이 미국 중부지역에서 발전속도가 가장 빠른 중국기업으로 평가되는 것도 이와 무관치 않다.

루관치우는 외국인의 토지와 외국인의 자본, 외국인 사장을 이용해 외국인의 돈을 벌어와야 한다는 현지화 철학을 갖고 있다. 그는 현지화 방침에 따라 거래은행, 회계사무소, 변호사사무소를 모두 현지 미국법인으로 고집한다. 나아가 기업경영도 미국식을 채택했다. 현재 만향그룹의 미국 자회사 관리자는 50여 명인데, 이 중 중국에서 파견된 사람은 6명에 불과하다.

사업영역 다각화는 1990년대 후반 들어 본격화됐다. 루관치우는 현재 벤처투자(風險投資), 금융보험, 부동산분야 등으로 발을 넓혀 다원화경영을 하고 있다. 그는 특히 저장성에서 민간자본으로는 최초로 벤처캐피탈을 설립하는 데 주도적인 역할을 했다. 그가 설립한 벤처캐피탈 만향창업투자주식회사는 생물, 제약, IT, 시스템 통합(SI)용 소프트웨어, 환경보호, 신에너지, 신재료 개발 등 첨단기술 분야에 투자한다. 등록자금 3억 위안인 만향창업투자주식회사는 2억 위안을 투자한 만향집단이 지배적 위치에 있다.

독특한 임금체계로 생산성 최대화

루관치우의 경영철학에서 신용은 제1의 수칙이다. 그는 사업규모가 작았던 초창기와 성장기에도 직원들의 임금 지급일을 어긴 적이 한 번도 없었다. 그의 신용정신을 말해주는 한 가지 일화를 보자. 1980년대 초 그의 제품에 대해 거래처에서 클레임이 걸려온 적이 있었다. 그러자 그는 즉시 공장 내의 재고품에 대한 일제조사를 벌이는 한편, 전국의 모든 거래처에 직원을 파견했다. 신품뿐 아니라 사용중인 제품에서도 하자 유무를 파악해 조금이라도 불량이 있으면 모조리 수거한 뒤 새 제품으로 교환해주었다. 수거된 불량품은 사용할 수 있거나 수리가 가능하더라도 모조리 폐품장으로 보냈다. 회사에는 엄청난 손실이었지만 장기적인 신용을 더 중시했기 때문이다. 그런 뒤 그는 한 해 동안 종업원들에게 보너스 지급을 전면 중단해 품질에 대한 경각심을 환기시켰다.

그는 시장경쟁을 가격경쟁, 품질경쟁, 원가경쟁으로 정의한다. 가격과 품질, 원가에서 경쟁력을 얻기 위해 그는 철저한 내부 경영관리와 함께 종업원의 적극성을 동원하는 방법을 썼다. 이를 통해 그는 원재료가격이 상승하더라도 거래처에는 이전과 같은 가격으로 제품을 공급했다. 내부의 생산 효율성으로 원재료가격 상승분을 상쇄함으로써 고객에 대한 가격신용을 지킨 것이다.

루관치우의 경영기법도 매우 선진적인 것으로 평가된다. 그는 품질경쟁력을 높이고 종업원의 적극성을 끌어내기 위해 '두뇌에 대한 투자'와 '주머니에 대한 투자'를 병행했다. 두뇌에 대한 투자는 종업원 재교육을 의미하고, 주머니에 대한 투자는 동기부여를 위한 각종 상여금제도를 말한다. 루관치우는 중국 사영기업가로는 드물게 종업원에 대한 대학교육과 경영학 석사(MBA)과정 교육을 지원한다. 기업의 장기적 발전은 결국 인재육성에 달렸다는 것이 그의 지론이다.

주머니에 대한 투자는 그의 천재적 경영능력을 드러내는 사례에 속한다. 그는 임금체계를 '노동량에 대한 분배'와 '노동효율에 대한 분배' 및 '종업원의 투자에 대한 분배'로 나누어 실시한다.

노동량에 대한 분배는 정상 출퇴근 시간을 준수할 경우 주어지는 급여로, 종업원 개별임금의 25%에 불과하다. 반면 개인의 생산량과 제품 하자율을 기준으로 지급되는 노동효율에 대한 분배는 임금의 50%에 달한다. 노동효율에 대한 보너스에 높은 비중을 둠으로써 제품의 질을 높이려는 의도다. 투자에 대한 분배는 좀 특이하다. 만향그룹은 근무기간에 따라 차등을 두어 종업원들에게 일정액을 회사에 투자할 수 있도록 한다. 그런 다음 이 투자액에 대해 일정기간마다 배당금을 지급한다. 이 배당금은 대체로 임금의 25%를 차지한다.

만향그룹은 이러한 복합적 임금체계를 통해 종업원의 개별적인 경쟁심을 유발함과 동시에 회사에 대한 충성심을 이끌어낸다. 이러한 임금체계 아래서는 자연히 제품의 불량률도 최소화될 수밖에 없다. 자회사에 대해서도 독립채산제를 도입해 자율경영을 하게 함으로써 효율을 최대화한다.

루관치우가 이러한 시스템을 만든 것은 개인의 경험과 노력 때문이기도 하지만, 경영분야와 기술분야 전문가들을 싱크탱크(智囊)로 활용한 덕분이기도 하다. 그는 회사 외부에 각 분야 전문가들로 구성된 자문그룹을 두고 정기적으로 이들을 초빙해 조언을 구한다. 중국의 저명한 경영학 전문가인 저장대학 왕아이민(王愛民) 교수도 그의 고문이다. 미국 만향그룹은 조지 W. 부시 현 미국 대통령의 삼촌을 고문으로 두고 있다.

2. '붉은 자본가'의 계승자 롱쯔지앤

롱쯔지앤(榮智健)은 장쑤(江蘇)성 출신이긴 하지만, 엄격한 의미에
서 중국의 사영기업가로 분류하기가 어려운 점도 있다. 1978년 36
세에 홍콩으로 건너가 창업한 데다 1985년에 홍콩 시민권을 획득
했다. 홍콩에서 번 돈으로 1982년 미국에서 다시 전자회사를 창업
했다. 해외에서 독자적인 노력으로 기반을 쌓긴 했지만 그가 총수
로 있는 홍콩의 중신태부집단(中信泰富集團)이 부친이 창업한 중국
자본으로 이뤄진 기업이라는 점에서 중국 사영기업가로 본다. 특
히 그는 투자를 비롯한 자본운용에 있어 중국 최대의 실력자로 평
가된다.

■ 롱쯔지앤 프로필
▲부호 랭킹

△《포브스》지 선정 '2003년 중국 100대 부호 순위' 2위(2002년 1
　위, 2001년 4위) / 개인재산　9억 3,400만 달러

△《신재부》지 선정 '2003년 중국부호 순위' 1위 / 개인재산 61억
　1,000만 위안

△≪유로머니≫지 선정 '2003년 중국 100대 부호 순위' 2위 / 개인재
　산 70억 위안

△2003년 ≪유로머니≫지 선정 '가장 영향력 있는 중국 부자 10명'
　중 1위

△2002년 ≪아주주간≫지 국제화상 자산 순위 19위

▲연령: 61세(1942년생)

▲출생지: 장쑤(江蘇)성 우씨(無錫)

▲학력: 대졸(톈진대학 전자공학과)

▲주요 기업: 홍콩 중신태부집단(中信泰富集團)

▲직위: 중국국제신탁투자공사(CITIC) 부동사장 겸 총경리

▲본사 소재지: 홍콩

▲주요 업종: 사회간접자본 건설, 부동산, 소매체인

▲기업 상장시기: 1990년 홍콩 증시(中信泰富)

　롱쯔지앤은 집안이 근대 중국의 거부라는 특이한 출신배경을 갖
고 있다. 조부 롱더성(榮德生)은 청나라 말기 방직업계의 대왕으로
불린 민족자본가였다. 민족자본가는 중국에 진출한 서구 식민지
지배국가의 자본가와 경쟁한 중국의 토착기업인을 말한다. 롱더성
은 방직업뿐 아니라 형제들과 동업으로 대규모 밀가루 공장도 운
영했다.

부친은 덩샤오핑의 지원을 받은 주자파

　롱쯔지앤의 부친 롱이런(榮毅仁)은 상하이성 요한대학 역사학과

를 졸업한 뒤 가업을 물려받았다. 1945년 중일전쟁이 끝난 뒤 롱이런은 장쑤(江蘇)성 우씨(無錫)시의 밀가루 공장과 함께 상하이에 있는 은행과 기업을 경영했다.

1949년 중국이 공산화됐을 때 롱이런은 대부분의 기업인들이 홍콩으로 이주한 것과 달리 상하이에 남았다. 공산화 초기 중국은 전후복구를 위해 자본가들을 높이 대우했다. 1959년 롱이런은 마오쩌둥(毛澤東)과 같은 혁명 1세대로 상하이 시장을 지낸 당시의 국무원 부총리 천이(陳毅)의 추천으로 상하이 부시장에 임명됐다. 이후에는 베이징으로 올라가 중앙인민정부의 방직공업부 부부장과 국가수출입관리위원회 고문을 지냈다.

문화대혁명과 함께 롱이런은 심한 박해를 받지만, 1976년 마오쩌둥의 사망으로 문화대혁명이 막을 내리고 4인방이 몰락하면서 부활하게 된다. 4인방 몰락과 함께 재등장한 덩샤오핑(鄧小平)은 개혁개방을 시작한 직후 롱이런을 다시 기용했다. 1979년 10월 롱이런은 덩샤오핑의 지원 아래 베이징에 중국국제신탁투자공사(CITIC)를 설립했다. CITIC는 외자와 해외기술, 설비를 유치하기 위해 만들어진 반관영 회사다.

롱이런은 CITIC을 설립한 지 1년 만에 기업인으로서의 과거 명성과 덩샤오핑과의 관계를 무기로 눈부신 성과를 보였다. 1년 만에 타이완과 홍콩을 비롯한 해외 40개국에서 연인원 4,000명의 기업인을 끌어들여 3,000명과 투자협상을 진행했다.

현재 중국 장쑤성 타이후(太湖) 호반에는 롱쯔지앤의 대규모 호화별장이 세워져 있다. 장쩌민(江澤民) 주석 같은 실력자들이 장쑤성에 들리면 이 별장에서 묵는다고 한다. 이러한 조부와 부친의 배경은 롱쯔지앤에게 큰 힘이 된다.

어린 시절 롱쯔지앤은 집안 덕분에 매우 풍족한 생활을 했다. 5남매 중 셋째로 집안의 유일한 아들이었다. 어린 시절 상하이에 거주하면서 명문 중학교를 다녔고, 외출 때는 집안의 자가용 승용차로 드나들었다. 집안에는 많은 하인이 있었고, 심지어 양식 요리사까지 따로 있었다. 상하이에서 고등학교 졸업 때까지 직접 승용차를 몰고 고급호텔에서 식사를 할 정도로 귀한 도련님 생활을 했다.

대학은 톈진시의 톈진대학에서 전자공학과를 다녔다. 1, 2학년 때는 야구에 빠져 톈진과 상하이 대표로 전국대회에 출전했다. 공부를 하지 않는 바람에 성적이 엉망이었다. 대학시절만 해도 아직 문화대혁명이 시작되지 않았고 자본가가 어느 정도 용인됐기 때문에 생활은 여전히 풍족했다.

1965년 졸업과 함께 결혼을 하고 자원해서 백두산 부근의 수력발전소에 실습생으로 들어갔다. 하지만 1966년 문화대혁명이 발발하면서 그는 자본가 성분으로 분류돼 쓰촨(四川)성 벽지의 수력발전소로 하방됐다. 여기서 그는 8년간 지금까지의 유복했던 생활과는 정반대의 모진 고생을 경험했다. 8년간의 하방을 끝내고 그는 1973년부터 베이징에서 전력시스템 연구업무에 참가했다.

문화대혁명 기간 상하이에 있는 본가도 풍비박산이 났다. 홍위병들이 들이닥쳐 집안의 물건을 모조리 빼앗거나 부수어 버렸고 재산은 몰수됐다. 부친 롱이런과 모친은 홍위병들에 의해 채찍으로 구타를 당했으며, 무산계급으로 몰락해 결국은 1년간 공장의 수위로 일하기까지 했다.

1976년 4인방이 몰락한 뒤 롱쯔지앤의 집안은 어느 정도 안정을 되찾았고 롱쯔지앤도 상하이로 돌아왔다. 롱쯔지앤은 집안을 일으켜세우기 위해 여러 방면으로 사업자금을 모아보려 했지만 번번이 실패했다. 문화대혁명이 끝나긴 했지만 여전히 개혁개방이 시작되기 전이라 중국의 사업환경이나 자금조달 환경이 얼어붙어 있었기 때문이다.

홍콩에서 가산으로 자본금 마련

여기서 롱쯔지앤이 부친의 권고로 생각하게 된 것이 홍콩에 있는 부친의 재산을 이용하는 방법이었다. 부친은 과거 중국이 공산화되기 전부터 홍콩의 몇 개 방직회사에 꽤 많은 주식을 갖고 있었다. 30여 년간 전혀 주식 배당금을 받지 않았기 때문에 상당한 자금이 누적돼 있었다. 이 돈만 이용할 수 있다면 최초 사업자금 문제는 쉽게 해결 가능할 터였다. 홍콩에는 또 중국 공산화 직전 중국에서 이주한 사촌동생들이 살고 있었기 때문에 도움을 받을 수 있을 것으로 기대됐다.

롱쯔지앤은 당국에 홍콩 친지방문(探親)을 신청해 어렵게 단수 비자를 얻어냈다. 1978년 여름 36세의 롱쯔지앤은 마침내 아내와 가족을 중국에 두고 단신 홍콩으로 건너갔다. 당시 영국의 식민통치 아래 있던 홍콩은 모범적인 자본주의적 시장경제가 정착돼 금융과 중소기업이 크게 발달해 있었다. 홍콩에서 롱쯔지앤은 한편으로는 광둥어를 배우며 홍콩 경제인들과 인간관계를 형성하고, 한편으로는 사촌동생들의 도움을 받아 가산을 되찾았다.

홍콩에서 그의 최초 사업은 사촌동생들과 합자로 창업한 전자제품 생산공장이었다. 아이카(Elcap)라는 이 전자공장은 오늘날 롱쯔지앤이 거부를 축적할 수 있는 최초의 기반이 됐다. 롱쯔지앤이 첫 사업으로 전자공장을 택한 것은 자신이 전자공학도로서 전기관련 제품의 원리를 잘 알고 있었기 때문이다. 아이카는 처음에 축전기와 전자시계를 생산했지만, 나중에는 주요 생산품종을 집적회로(IC)와 컴퓨터에 쓰이는 랜덤 액세스 메모리(RAM)로 전환했다.

롱쯔지앤은 아이카를 경영하면서 시장개척과 재무관리, 대외적인 인간관계 형성이 사업에서 가장 중요하다는 점을 깨달았다. 제품 자체의 개발과 생산은 자신의 전공이라 큰 어려움이 없었다. 그렇다고 해서 제품의 경쟁력을 등한시했다는 말은 아니다. 그는 이윤의 거의 대부분을 제품 연구개발에 투자했다. 기업 지분에 있어서도 처음 회사를 설립했을 때는 사촌동생 둘과 자본을 3분의 1씩 투자했지만 점차 지분을 확대해 60%까지 장악했다. 그는 아이카 경영을 통해 상당한 부를 축적했지만 이것만으로는 리지아청(李嘉誠) 같은 홍콩의 거부들을 따라갈 수 없다고 판단했다. 이에 따라 그는 1982년 손때가 묻은 아이카를 700만 달러에 매각하고 미국으로 진출한다.

롱쯔지앤은 아이카 매각자금 700만 달러와 IBM에서 근무한 미국인 고급 기술자들과 협력해 자본금 1,000만 달러로 미국 캘리포니아 주 산호세에 합자기업을 창립했다. 회사 지분은 롱쯔지앤이 60%를 보유했다. CADI라고 이름붙인 이 회사의 생산제품은 컴퓨터 보조설계 소프트웨어였다. 이 회사는 미국에서도 이 분야 최초의 전문회사로 기록된다. CADI에서 그는 제품개발과 생산분야에는 미국에서 지명도 높은 전문가들을 영입해 일임하고, 자신은 홍콩과 중국의 시장개척을 맡았다.

CADI의 제품질과 시장전망이 높이 평가되면서 동일 업종의 대기업들이 지분을 매입하기 위해 눈독을 들이는 경우가 많았다. 1984년 2년 만에 CADI가 미국 증시에 상장됐을 때 회사에 대한 투자자들의 높은 평가에 힘입어 주가가 단기간에 40배로 뛰어 올랐다. CADI는 미국 증시에서 컴퓨터 보조설계 설비업체로는 최초로 상장된 기업이다. 1986년 롱쯔지앤이 CADI의 소유주식을 매각했을 때 그의 재산은 4억 3,000만 홍콩달러(5,300만 달러)에 달했다. 1978년 홍콩에 도착한 지 10년이 안 돼 미국 시장에서 굳건히 뿌리를 내릴 만큼 경영노하우를 획득하고 상당한 부를 축적한 것이다.

CADI를 매각한 그 해 롱쯔지앤은 부친의 부름을 받고 다시 홍콩으로 돌아왔다. 한 해 전인 1985년에는 홍콩 시민권을 획득했다. 롱쯔지앤은 홍콩에서 진정한 거부의 길에 들어서게 된다. 홍콩에서 롱쯔지앤은 중국국제신탁투자공사(CITIC)의 홍콩 자회사인 중신태부(中信泰富)를 떠맡게 된다. 현재 롱쯔지앤은 중국에 본부를 둔 중국국제신탁투자공사의 부동사장 겸 홍콩의 중신태부 총경리를 맡고 있다.

부친의 부름을 받아 중신태부에 합류하기 전부터 롱쯔지앤은 중국과 홍콩시장을 주목하고 있었다. 그는 중신태부의 경영을 맡게 된 1986년의 상황에서 자본투자 시장으로 중국보다는 홍콩시장을 더 중시했다. 당시 중국시장은 아직 사영기업이 발달하지 않은 데다 국유기업의 주식회사 전환이나 민영화가 아직 시작되지 않았기 때문이다.

중국 최고의 자본 운용 귀재

홍콩에서 그가 가장 먼저 선택한 투자대상은 캐세이퍼시픽에어라인(國泰航空)이었다. 당시 캐세이퍼시픽은 영국자본 회사로서 경영수지가 좋았고 영업전망도 좋았다. 특히 캐세이퍼시픽은 역사가 오래된 만큼 항공분야의 우수한 기술인력과 경영인력을 많이 보유하고 있어 투자가치가 높았다.

롱쯔지앤은 캐세이퍼시픽에 대한 투자를 결정했지만 즉시 결행하지는 않았다. 6개월 동안의 분석을 거친 연후에 1987년 들어 홍콩 증시와 부동산경기가 저점으로 떨어졌을 때 투자를 결행했다. 1987년 2월 롱쯔지앤은 23억 홍콩달러를 투자해 캐세이퍼시픽에어라인 주식의 12.5%를 매입했다. 이 투자에는 중국 국무원도 8억 홍콩달러를 지원했다. 중국국제신탁투자공사에 중국이 지분을 갖고 있기도 했지만, 무엇보다 영국자본 기업인 캐세이퍼시픽에어라인 지분을 중국자본이 매입한다는 상징성이 컸기 때문이다.

롱쯔지앤은 1990년에 또다시 항공사인 홍콩드래곤에어라인(港龍航空) 주식의 46.3%를 5억 홍콩달러에 매입했다. 이 투자로 중신태부는 홍콩드래곤에어라인의 최대주주가 됐다. 드래곤에어라인을 인수한 뒤 롱쯔지앤은 지주회사인 중신태부를 중심으로 캐세이퍼시픽과 드래곤에어라인을 통합 운영함으로써 시너지효과를 내기 시작했다. 예를 들면 드래곤에어라인의 업무를 캐세이퍼시픽으로 하여금 위탁 관리하게 했다. 캐세이퍼시픽의 우수한 경영관리 인력을 활용해 드래곤에어라인의 경영을 개선하기 위해서였다. 반면 편수가 적은 캐세이퍼시픽의 중국노선을 드래곤에어라인에 양도하게 함으로써 드래곤에어라인의 중국노선 점유율을 높였다.

롱쯔지앤은 이후 또다시 100억 홍콩달러가 넘는 자금을 동원해 홍콩증시에서 총 시장가격이 가장 높은 대기업인 홍콩전신(香港電訊)의 주식 20%를 매입했다. 그는 이밖에도 사업다각화를 계속해 10억 홍콩달러 규모의 부동산투자를 하는 한편, 총톤수 30만 톤의 화물선 선단을 보유하게 됐다.

최근에는 거대하게 부상하고 있는 중국시장에 대한 투자를 확대하고 있다. 중국 투자에서는 지금까지 자신의 대학 전공과 문화대혁명 시절 하방경험을 살려 장쑤성과 네이멍구(內蒙古) 자치구 등에 4억 달러 규모의 발전소를 건설했다.

홍콩 사람들은 말과 경마를 좋아한다. 롱쯔지앤은 1993년 100만 홍콩달러를 들여 티앤허(天河)라 불리는 말을 한 필 샀다. 이것을 계기로 그는 홍콩의 마사회 이사가 됐다. 그는 "인생과 경영은 모두 경마와 마찬가지"라고 주장한다. 경마에서 말이 앞서가야 1등을 할 수 있듯이 사업에서도 지속적으로 상대방을 앞서 나가야 진정한 승리자가 될 수 있다는 것이다.

중국시장은 세계 최대의 성장시장으로 주목된다. 부친의 꽌시(關係)를 통해 중국에 든든한 배경을 갖고 있는 롱쯔지앤은 홍색자본가(紅色資本家)의 계승자로서 21세기에 가장 주목받는 사영기업인으로 평가된다. 홍색자본가(red-capitalist)는 공산당원 출신의 기업인 또는 공산당의 지원을 받거나 공산당과 직·간접적인 관계를 맺고 있는 기업인을 뜻한다.

3. '사료대왕' 류용싱, 류용하오 형제

류용싱(劉永行), 류용하오(劉永好) 형제는 ≪포브스≫지가 선정한 2001년 중국부호 순위에서 재산을 합산해 2000년에 이어 연속 1위를 차지했다. 2001년 ≪포브스≫지가 조사한 이들 형제의 총 재산은 10억 달러였다. 2002년에는 형제들의 기업과 재산을 나누어 순위를 매기는 바람에 1위 자리를 내주게 됐다.

류용싱 형제는 개혁개방 직후인 1982년 정부의 시장경제 정책에 발맞춰 비교적 안정된 생활을 포기하고 시아하이(下海)한 대표적인 사영기업가들이다. 시아하이란 공산당이나 정부기관, 정부투자기관 또는 국유기업에 근무하던 사람이 직장을 그만두고 창업을 하거나 사영기업에 취직하는 것을 말한다. 평생직장에 가까운 안정된 일자리를 포기하고 거친 바다로 나간다는 뜻이다. 류용싱 형제는 4형제가 뜻을 모아 한꺼번에 시아하이한 드문 경우에 속한다. 시아하이 전 맏형 류용이앤(劉永言)은 쓰촨성 청뚜(成都)시의 906전자계산기 연구소에서 근무했고, 류용싱은 전자설비 설계와 수리업무를 했다. 셋째 류용메이(劉永美)는 고향인 신쩐(新津)현 농업국 간부였고, 막내 류용하오는 쓰촨성 기계공업관리 간부학교의 교사로 있었다.

기업인으로서 류용싱 형제는 자신들이 가진 지식을 이용하고 국가의 새로운 정책을 해석하는 데 뛰어나다는 이야기를 듣는다. 어쩔 수 없이 변화하기 전에 변화를 예측해 남보다 한발 앞서 변화의 물결을 타는 데 능하다는 것이다. 4형제가 안정된 직장을 버리고 시아하이한 것도 이런 측면에서 봐야 한다.

4형제는 처음에는 메추라기 사육으로 사업자금을 마련한 다음 동물사료 제조업으로 전환했다. 동물사료 제조를 통해 거액을 모은 뒤 다시 부동산과 금융, 첨단기술 분야 등으로 사업을 다각화해왔다. 동물사료 제조는 여전히 이들 형제의 주력업종이다. 4형제 중 차남 류용싱과 막내 류용하오의 사업능력이 가장 뛰어난 것으로 평가된다. 이 두 사람은 중국에서 가장 존경받는 사영기업인일 뿐 아니라 경영학계에서도 중요한 연구대상으로 손꼽힌다. 4형제는 1995년 기업재산을 분할해 주요 기업체와 사업영역, 사업지역을 분배했다. 이후에는 독립된 법인을 운영하면서 상호 협력관계를 유지해왔다.

■ 류용싱 프로필

▲부호 랭킹

△《포브스》지 선정 '2003년 중국 100대 부호 순위' 7위(2002년 8위) / 개인재산 4억 8,000만 달러

△《신재부》지 선정 '2003년 중국부호 순위' 5위 / 개인재산 35억 위안

△《유로머니》지 선정 '2003년 중국 100대 부호 순위' 9위 / 개인재산 41억 위안

△2003년 ≪유로머니≫지 선정 '가장 영향력 있는 중국 부자 10명'
  중 6위

▲연령: 55세(1948년생)

▲출생지: 쓰촨성 신쩐현

▲학력: 대졸

▲주요 기업: 동방희망집단(東方希望集團)

▲본사 소재지: 상하이

▲주요 업종: 동물사료, 투자

■ 류용하오 프로필

▲부호 랭킹

△≪포브스≫지 선정 '2003년 중국 100대 부호 순위' 5위(2002년 6
  위) / 개인재산 5억 5,000만 달러

△≪신재부≫지 선정 '2003년 중국부호 순위' 17위 / 개인재산 24억
  8,000만 달러

△≪유로머니≫지 선정 '2003년 중국 100대 부호 순위' 5위 / 개인재
  산 48억 위안

▲연령: 52세(1951년생)

▲출생지: 쓰촨성 신쩐현

▲학력: 대졸

▲주요 기업: 신희망집단(新希望集團)

▲본사 소재지: 쓰촨성 청뚜(成都)시

▲주요 업종: 동물사료, 부동산, 금융업

▲증시 상장시기: 1998년 3월 선쩐 증시

류용싱 형제는 농업 기업인으로 사업을 시작했다. 이들 형제가 사업을 시작했을 1982년 당시 중국은 문화대혁명기에 성립됐던 농촌의 집단생산, 집단분배 체제인 인민공사가 해체되고 있었다. 가정연산승포책임제(家庭聯産承包責任制)를 통해 시장을 겨냥한 농민의 자율적인 농업경영이 확산되고 있었다. 가정연산승포책임제는 인민공사 체제와 달리 농민이 단독 또는 여러 가구가 연합해서 집단소유의 토지를 계약에 의해 도급으로 생산하는 제도다. 이 제도 아래서 농민들은 토지의 소유주체인 집단에 생산량 중 일정액을 납부하고 나머지는 자율적으로 시장에 내다팔 수 있었다. 이 제도로 인해 농민의 생산의욕과 생산효율이 크게 개선됨으로써 중국의 농업생산 능력은 획기적으로 높아졌다.

시련을 발전의 밑거름으로 활용

류용하오 형제는 농촌의 자율경영과 시장생성에 맞춰 당시 쓰촨성에서 막 붐이 일기 시작한 메추라기 사육을 시작했다. 사업자금은 형제들이 자전거와 손목시계, 직접 조립해 사용하던 TV 등을 팔아 마련한 1,000위안이 전부였다. 형제들은 최초에 청뚜시 교외에서 메추라기 8만 마리를 키워 1년 만에 1만 위안을 벌었다. 메추라기를 시장에 내다팔기 위해 담고 갈 대나무 바구니는 형제들이 직접 만들었다. 판매는 막내 류용하오가 맡았다. 자전거에 메추라기를 담은 대나무 바구니를 싣고 청뚜 시내의 시장으로 매일 꼭두새벽 페달을 밟은 것이다.

1982년 말 형제들은 업종을 메추라기 사육에서 메추라기 종자 번식으로 바꿨다. 종자 번식은 메추라기를 부화시켜 새끼를 양식 농가에 공급하는 것을 말한다. 하지만 이들이 종자 번식장을 개업 했을 때 예상치 못한 시련이 닥쳤다. 메추라기를 양식하는 쓰촨성 지역의 전업농가들이 잇따라 문을 닫고 업종을 전환하기 시작했기 때문이다. 원인은 메추라기 사육비용이 너무 높아 닭을 비롯한 다 른 가금류에 비해 시장경쟁력이 떨어지는 데 있었다. 메추라기를 양식하는 전업농가가 없으면 형제들이 시작한 종자 번식업도 당연 히 도산하기 마련이다.

류용싱은 여기서 시장상황을 자세히 분석하고 중대한 결단을 내 리게 된다. 우선 시장상황에 대해서는 결코 비관적이 아니라고 결 론을 내렸다. 메추라기 시장 자체가 없어진 것이 아니라 메추라기 양식비용이 지나치게 높은 데다 양식기술이 부족한 것이 문제라고 분석했다. 그는 만약 메추라기 양식비용을 양계비용 수준으로 낮 출 수 있다면 문제는 해결된다는 확신을 갖게 됐다. 이에 따라 그 는 저비용으로 메추라기를 양식할 수 있는 방법을 연구하기 시작 했다. 연구결과 개발된 독특한 방법은 일종의 환경 순환적인 사육 법이었다. 메추라기 분뇨로 돼지를 키우고, 돼지 분뇨로 물고기를 키운 다음, 여기서 나온 물고기 가루로 다시 메추라기 사료를 만드 는 방법이었다.

이 연구에서 류용싱은 자신이 가진 컴퓨터 관련 전공지식을 최 대한 활용했을 뿐 아니라 양식 관련분야 지식을 독학으로 공부했 다. 이 방법을 통해 그는 메추라기 사육비용을 양계수준으로 낮춰 다시 시장을 활성화시키는 데 성공했다. 1986년 4형제가 운영하는 종자 번식장에서 출하되는 메추라기는 연 15만 마리에 달해 전국

16개 성에 공급됐다. 소련과 홍콩 등 해외로도 수출됐다. 이때 그
가 개발한 양식기술은 중국의 국가급(國家級) 농업기술 항목으로
지정될 만큼 획기적이었다.

류용싱 형제는 메추라기 양식에서 성공한 경험을 바탕으로 동물
사료 제조에 본격적으로 뛰어들었다. 당시 쓰촨성은 중국 최대의
돼지 사육지역으로서 사료 제조업 전망이 매우 밝았다. 육식을 좋
아하는 중국인의 식습관을 고려할 때 전국적으로도 사료시장은 엄
청난 잠재력을 갖고 있었다.

1985년 형제들은 사료 제조를 주력업종으로 삼으면서 대대적인
투자를 시작했다. 200만 위안을 들여 사료제조 연구를 위한 희망
과학기술연구소를 설립했다. 사료 제조공장에는 300만 위안을 투
자했다. 특히 사료와 관련된 연구를 위해 400만 위안의 연구기금
을 마련하고 30여 명의 전문가와 교수를 초빙했다. 이들 전문가들
을 미국, 소련, 폴란드, 호주, 독일, 홍콩 등으로 보내 사료제조를
연구케 하고, 나아가 각국 전문가들과 상호 교류토록 했다. 사료
제조업에서 류용싱 형제들의 최대 과제는 기술과 영양이 훨씬 앞
선 외국산 수입사료와의 경쟁이었다.

수입사료와의 경쟁에서 승리하기 위해 이들은 수입원료를 대체
할 수 있는 각종 방법을 연구했다. 동물사료 제조에는 물고기 가루
(어분)가 공통적으로 사용되는데, 당시 중국산 어분은 품질이 낮고
수입 어분은 값이 비싼 단점이 있었다. 제조원가를 낮추면서 영양
이 높은 사료를 개발하기 위해서는 새로운 방법을 찾을 필요가 있
었다.

여기서 류용싱이 착안한 것이 누에 번데기로 물고기를 대체하는

방법이었다. 쓰촨성은 누에를 많이 치기 때문에 누에 번데기를 아주 쉽게 구할 수 있었다. 이처럼 토속원료로 수입원료를 대체하는 방법은 매우 성공적이었다. 그들은 이와 함께 사료의 흡수율을 높이기 위해 5,000만 위안을 투자해 33개의 비방을 고안해냈다. 이런 식으로 류용싱 형제가 만들어낸 사료는 돼지의 성장속도를 2배 촉진시키고 사육에 드는 노동력을 크게 절감했다.

이들이 제조한 사료가 잘 팔릴 것은 당연한 이치다. 수요에 맞춰 계속 생산시설을 확대함으로써 1990년 1월 한 달 동안 사료 판매량이 4,000톤에 달하게 됐다. 판매량은 계속 늘어 1990년 6만 톤에서 1993년 15만 톤으로 확대됐다. 1993년 이들 형제의 사료 판매량은 쓰촨성과 중국 서남부 지방에서 1위로 올라섰다.

류용싱 형제는 1991년 쓰촨성 청뚜에서 청뚜희망집단(成都希望集團)을 설립하면서 기업을 그룹체제로 편성했다. 4형제가 안정적인 철밥통을 버리고 자본금 1,000위안으로 사업을 시작한 지 약 10년 만의 일이다.

형제들이 중국을 동서남북으로 분할

그룹을 형성한 지 2년 뒤인 1993년에는 상하이로 진출해 사료 제조업과 함께 부동산으로 사업영역을 확장하기 시작했다. 1995년에는 4형제가 공동 경영하던 그룹을 4개로 나눠 형제간에 재산권과 기업활동 영역을 분할했다. 기업규모와 사업영역으로 보아 더이상 가족기업의 형태로 운영하기에는 한계가 있었기 때문이다.

그룹분할로 맏형인 류용이앤이 전자공업 분야를 맡고, 셋째인 류용메이는 부동산분야를 관장하게 됐다. 둘째 류용싱과 막내 류용하오는 사업영역을 지역적으로 나누었다. 경영능력은 4형제 중 둘째와 막내가 특히 뛰어난 것으로 평가된다. 류용싱은 장강 이북을 사업영역으로 하는 동방희망집단(東方希望集團)을 관장하고, 류용하오는 장강 이남을 사업영역으로 하는 남방희망집단(南方希望集團)을 경영하게 됐다. 류용하오는 1996년 말 남방희망집단의 일부 자산을 분할해 상하이를 본부로 하는 신희망집단(新希望集團)을 설립했다.

그룹분할 뒤 류용싱은 사료제조를 주력으로 하되 알루미늄을 중심으로 하는 비철금속 분야와 발전분야, 금융투자, 생물공학 분야 등으로 사업을 다각화했다. 류용싱은 이어 1,600만 달러를 투자해 중국 최초의 민영보험회사를 설립했다. 그는 이를 기반으로 금융시장 개방에 맞춰 중국시장에 진입하는 외국 보험회사와 협력을 모색하고 있다.

막내 류용하오도 신희망집단을 설립한 뒤 사업영역을 급속도로 확대했다. 현재 그는 전국에 76개 자회사를 두고 사료제조와, 유제품을 비롯한 식품가공업, 금융투자업, 부동산개발, 기초화학 공업품 제조 등에 손을 뻗치고 있다. 금융업에서 류용하오는 중국 최초의 민영 상업은행인 민생은행(民生銀行)의 최대주주로 있다.

2000년 11월 27일 민생은행이 상장된 뒤에는 형제들과 부인, 자녀들의 자본으로 민생은행 주식을 매집해 지배적 위치를 갖게 됐다. 류용하오의 딸이 현재 남방희망집단을 경영하고 있다는 점에서 희망집단은 가족기업이라고 할 수 있다.

신희망집단은 지금까지 부동산에 30억 위안을 투자했다. 신희망집단은 청뚜와 상하이, 다롄 등 전국의 황금지대에 땅을 마련해 고급아파트와 같은 주택단지를 건설해왔다. 신희망집단에서 부동산 분야 매출액은 2001년 이미 사료제조 분야를 초과했다. 신희망집단은 이와 함께 위락시설 개발을 위주로 하는 여행레저 분야와 IT 분야에서도 주목받고 있다. 신희망집단은 광시(廣西)자치구의 꾸이린(桂林)과 쓰촨성의 주요 명승지를 선점해 대규모 토지에 대한 50년 사용권을 획득했다. 신희망집단이 지금까지 여행레저 분야에 투자한 돈은 10억 위안에 이른다.

돈은 기업인의 성공을 측정하는 기호

류용싱, 류용하오 형제는 기업경영에서 중국 사영기업가의 모범으로 평가된다. 비록 가족기업의 굴레를 벗어나지는 못했지만, 기업 내부의 경영합리화와 과학화에서는 중국 경영학계의 연구대상이 되고 있다.

류용싱의 경영철학은 세 가지로 요약된다. 기업과 제품의 부단한 혁신, 시장 지향적 투자, 종업원의 적극성을 끌어내는 것이다. 류용싱은 특히 제품 브랜드의 신뢰성을 매우 중시한다. 그는 1980년대 동물사료 제조에 주력하고 있을 때 자신이 만드는 사료의 이미지를 높이기 위해 스스로 사료를 맛보기도 했다. 류용싱은 돈을 벌려고 하지 말고 먼저 수요자를 만족시키라고 강조한다. 고객에게 초과이익을 제공할 수 있으면 기업은 저절로 돈을 벌 수 있다는 것이다. 류용싱은 또 연구하는 기업인으로 유명하다. 최근 그는 실질적인 기업경영을 모두 전문경영인에게 맡기고 자신은 하루에

8시간씩 공부를 하고 있다고 한다. 개인적인 연구뿐 아니라 전문가들을 초빙해 시장변화의 전망과 기업혁신에 대한 연구도 계속하고 있다.

류용싱은 2010년까지 전국의 동물사료 연간 총생산 규모를 1억 7,000만 톤으로 확대하려는 중국정부의 계획에 맞춰 기업을 확대하고 있다. 2005년까지 전국에 최대 100개의 사료공장을 세워 연 생산규모를 1,000만 톤으로 늘리는 것이 1차 계획이다. 2차 계획은 2010년까지 연 생산규모를 1,500만 톤에서 최대 2,000만 톤으로 늘려 전세계 최대 사료 생산업체로 거듭난다는 것이다.

신동방집단을 경영하는 류용하오는 돈을 실물이 아닌 일종의 부호로 생각한다. 그의 경험에 따르면 사람은 10만 위안을 벌었을 때 돈을 더 벌고 싶은 욕구가 가장 강렬하다. 여기서 나아가 1,000만 위안을 벌게 되면 기존의 성공에 만족해 성장에 대한 동기를 잃어버리기 쉽다. 그는 사람이 10억 위안을 벌게 되면 돈은 이제 개인이 사용할 수 있는 한도를 넘어서 부호로 변하게 된다고 말한다. 그는 이 단계에 들어서면 돈은 실물이 아니라 개인의 성공과 사회에 대한 공헌도를 측정하는 척도가 된다고 강조한다.

중국의 시장경제가 비록 무질서하긴 하지만 류용싱 형제같이 부단한 혁신과 기업의 사회적 역할을 중시하는 사영기업인이 있는 한 미래는 밝다.

4. '부동산 황제' 쉬룽마오

쉬룽마오(許榮茂)는 베이징과 상하이의 황금지대를 장악한 중국 최대의 부동산 개발업자다. 그는 1970년대 말 홍콩으로 건너가 주식투자로 자본금을 마련한 뒤 방직업으로 본격적인 사업을 시작했다. 1980년대 말 중국 부동산시장에 뛰어들었으며, 주로 고급아파트를 지어 거부를 축적했다.

쉬룽마오의 발전과정은 중국 부동산시장의 변천과정과 궤적을 같이한다. 하지만 이것만으로는 성공을 보장할 수 없다. 그는 시장의 변화를 따르되 항상 변화에 한발 앞서 나가는 투자로 중국의 '부동산 황제'가 될 수 있었다.

■ 쉬룽마오 프로필

▲부호 랭킹

△≪포브스≫지 선정 '2003년 중국 100대 부호 순위' 3위(2002년 2위, 2001년 5위) / 개인재산 8억 달러

△≪신재부≫지 '2003년 중국부호 순위' 7위 / 개인재산 32억 4,000만 위안

△≪유로머니≫지 선정 '2003년 중국 100대 부호 순위' 3위 / 개인재
 산 68억 위안

△2003년 ≪유로머니≫지 선정 '가장 영향력 있는 중국 부자 10명'
 중 10위

▲연령: 54세(1949년생)

▲출생지: 푸젠(福建)성 스쓰(石獅)현

▲학력: 석사(MBA)

▲주요 기업: 상하이 세무집단(世茂集團)

▲직위: 세무집단 동사장

▲본사 소재지: 상하이, 홍콩

▲주요 업종: 부동산(홍콩, 상하이, 베이징, 푸젠성 등)

▲기업 상장시기: 2000년 8월 상하이 증시, 2002년 3월 홍콩증시

 쉬룽마오는 중국이 건국된 1949년 푸젠(福建)성 스쓰(石獅)현의
의사 집안에서 태어나 비교적 넉넉한 어린 시절을 보냈다. 자신도
나중에 의사가 되긴 했지만, 새로운 생활을 꿈꾸며 20대 말에 홍
콩으로 갔다. 홍콩에서 그는 의사 경험을 살려 약국에 취직했으나
광둥어를 하지 못해 해고당했다. 이후로는 짐꾼과 청소부, 행상 등
해 보지 않은 일이 없을 정도로 힘든 생활을 하며 약간씩 돈을 모
았다. 힘든 생활 속에서도 그는 거르지 않고 책과 신문을 읽으며
공부하는 습관을 가지고 있었다. 이 습관이 그가 사업가로 성공하
는 데 밑거름이 됐다.

주식투자로 최초 자본금 마련

홍콩에서 그는 우연한 기회에 증권시장 객장에 들렀다가 주식투자를 시작하게 됐다. 이후 그는 자신이 주식투자에 천부적인 재능을 갖고 있다는 사실을 깨닫게 된다. 나중에는 증권중개로까지 업무를 확대하게 됐다. 1981~1983년 3년간 그가 주식투자로 번 돈은 최고 5억 홍콩달러에 달했다.

쉬롱마오는 1988년을 전후해 주식투자가 위험성이 크다는 판단 아래 그때까지 번 돈을 안정화시키기 위해 실물투자를 시작했다. 처음 손을 댄 사업은 방직업으로, 홍콩에 방직공장과 무역회사를 차렸다. 이후 중국이 각종 비용이 싸다는 점에 착안해 홍콩에 인접한 선쩐 경제특구와 중서부 내륙의 중심도시인 간쑤(甘肅)성 란저우(蘭州)시에 모두 공장 5개를 설립했다. 이들 공장에서는 방직과 함께 기성복을 만들어 주로 미국으로 수출했다.

그는 방직업으로 자산을 늘린 다음 1989년 마침내 중국시장을 겨냥해 부동산개발로 업종을 바꾸게 된다. 그가 중국 부동산시장에 뛰어들었을 당시 중국은 정치적으로 매우 불안정했다. 1989년 6·4천안문사태가 막 끝난 상황이라 중국 내부는 물론이고 해외의 투자자들도 투자에 몸을 사리고 있었다.

하지만 그는 중국의 개혁개방 심화와 시장경제화가 필연적 흐름이라 판단하고 투자를 결행했다. 중국에서 최초의 부동산투자는 고향인 푸젠(福建)성 스쓰현에서 시작했다. 10만㎡의 토지에 경제개발구를 조성하면서 여기에 호텔과 공장건물, 주상복합 건물, 별장, 유치원, 병원 등을 지었다. 이어 푸젠(福建)성 해변에 약 400만 평의 토지를 사들여 종합 레저단지를 건설했다.

이들 투자를 통해 그는 순식간에 푸젠(福建)성 최대의 부동산 기업인으로 부상했다. 1991년 중앙 정치무대에서 보수파가 득세했을 때 정부의 부동산 개발정책이 불투명하다는 판단 아래 일시적으로 호주로 투자지역을 옮겼다. 호주에서 그는 대규모 자본을 끌어들여 동부의 시드니와 북부의 다윈시에서 부동산투자를 했다. 이 투자가 크게 성공을 거두면서 그는 호주의 화교사회에서 명사로 떠올랐다. 호주정부로부터는 '태평양 신사'란 칭호도 얻었다.

호주에서 그의 투자는 승승장구했지만, 그의 궁극적인 목적지는 중국시장이었다. 1992년 덩샤오핑이 남순강화(南巡講話)를 통해 지속적인 개혁개방과 사회주의 시장경제 정책을 재천명하자 쉬롱마오는 다시 중국에 상륙했다. 중국에 되돌아온 쉬롱마오는 1993년 유네스코에 의해 세계자연문화유산으로 막 지정된 푸젠(福建)성의 우이산(武夷山)을 투자대상으로 삼았다. 입찰(投標)방식으로 우이산 주변에 33만 평의 땅을 사들인 뒤 2억 위안을 투자해 여행레저 단지를 조성했다. 이전에 투자한 고향 스쓰현의 경제개발구도 분양이 완료돼 50% 이상의 이윤을 남겼다.

그는 1994년 이후 면밀한 시장조사 끝에 주력투자 지역을 베이징으로 옮겼다. 쉬롱마오는 베이징이 경제발전 속도에 비해 고급주택이 절대적으로 부족하다는 점에 주목했다. 베이징 최초의 투자지역은 아시안게임 선수촌인 야윈춘(亞運村) 주변으로 정했다. 그는 1995년 베이징의 부동산경기가 저점으로 떨어진 시기를 이용해 야윈춘 일대에 10만㎡의 토지를 사들여 고급아파트를 건설했다. 이후 그는 베이징의 황금지대를 골라 다니며 1997년 20만㎡,

1999년 16만㎡, 2000년 20만㎡의 토지를 구입해 고급아파트를 건설했다.

상하이로 눈을 돌린 부동산 달인

2000년대 들어 중국이 2008년 올림픽 유치에 성공하자 그는 올림픽선수촌 예정지에 50만㎡의 토지를 사들여 또 다시 고급아파트 건설계획을 추진하기 시작했다. 지금까지 쉬룽마오가 건설한 부동산은 베이징지역 고급아파트의 3분의 1이 넘는다.

2000년대 들어 쉬룽마오는 핵심적인 투자 대상지로 상하이를 겨냥했다. 상하이 투자에서 가장 큰 난제는 투자가치가 높은 좋은 땅을 확보하는 데 있었다. 당시 상하이의 목 좋은 땅은 거의 대부분 다른 부동산회사들이 점령한 상태였다. 희소한 토지를 입찰방식으로 획득할 경우에는 비용이 너무 커 투자효율이 낮을 수밖에 없었다.

여기서 그가 착안한 방법은 좋은 땅을 가진 기업을 사들이는 것이었다. 2000년 여름 쉬룽마오는 상하이 중심가인 난징루(南京路)의 황금지대에 14만㎡의 땅을 갖고 있는 만상집단(萬象集團)의 주식을 대대적으로 매입했다. 그는 당시 경영실패로 주가가 크게 떨어져 있던 만상집단의 주식 26.43%를 매집해 순식간에 최대 주주로 등장했다. 그런 다음 만상집단을 세무투자공사(世茂投資公司)로 이름을 바꿔 본격적인 그룹체제를 갖췄다. 만상집단을 접수한 뒤 그는 자본 재편성과 대폭적인 기업개혁에 착수했다. 상하이 시정부의 협력을 얻어 만상집단의 불량자산을 떨어내고 7개 자회사를 매각했다.

2000년 후반부터 쉬롱마오는 상하이에서 난징루의 국제광장과 함께 푸둥(浦東)지구의 루지아쭈이, 푸둥지구 건너편의 와이탄(外灘) 등에 4개의 대규모 주택 상업단지 건설을 시작했다. 모두가 상하이의 핵심지역들로 금싸라기 땅이다. 여기에 소요되는 투자자본은 최소한 100억 위안으로 추정됐다. 쉬롱마오의 특징은 투자자본을 은행대출에 의존하기보다는 건설중인 주택의 예매와 증시투자를 통해 조달하는 것이었다. 그는 1980년대 홍콩에서 증권투자로 거액을 모은 터라 증권시장의 생리에 누구보다 정통했다.

상하이에서의 대규모 투자로 자본이 모자라자 쉬롱마오는 2002년 3월 홍콩증시로 달려갔다. 자신이 최대주주로 있는 홍콩의 WMH Hui Family Trust 신탁기금을 동원해 홍콩증시 상장기업인 둥젠과신공고(東建科訊控股) 유한공사 주식 52.04%를 매집했다. 중국 부동산 황제가 최대주주로 떠오른 이 회사의 주가가 뛰어오르면서 그는 자금난을 해결할 수 있었다.

쉬롱마오의 세무집단 역시 가족기업의 형태로 경영된다. 1977년생인 아들 쉬쓰탄(許世壇)은 현재 상하이 세무부동산유한공사의 판매 총책임을 맡고 있다. 조카인 쉬쓰용(許世永)은 세무집단의 주요 주주다. 부인과 아들딸이 관리하는 홍콩의 신탁기금은 세무집단의 모든 해외자산을 소유하고 있다.

쉬롱마오는 교육사업에 상당한 관심을 기울여왔다. 그는 베이징에 있는 대학 베이징화공학원(北京化工學院) 캠퍼스에 부지 8,000㎡의 도서관을 건설했다. 이 도서관은 현재 중국에서 시설이 가장 선진적인 것으로 평가된다. 이밖에도 그는 1,000만 위안을 출연해 베이징화공학원 교육기금을 만들었다.

투자전략 측면에서 쉬룽마오의 중국 부동산시장 공략 수순은 남부 푸젠성에서 베이징으로 북상해 다시 상하이로 남하하는 궤적을 밟아왔다. 이것은 거시적으로 보았을 때 그가 부동산투자를 중국정부의 경제발전 시간표에 맞춰 진행해왔음을 나타낸다. 개혁개방 초기에 개방된 남부 연안지역의 경제특구에서 중국을 대표하는 세계적인 대도시로 육성되는 상하이로 투자 대상지를 옮겨온 것이다. 결국 중국정부의 중점 개발지역을 따라가며 투자함으로써 리스크를 최소화한 셈이다.

고급 아파트 건설로 부동산 투자 선도

쉬룽마오의 부동산 투자방식은 외국인과 부유층을 겨냥한 고급 아파트 건설로 요약된다. 그가 상하이 루지아쭈이에 건설하는 세무빈강화원(世茂濱江花園)은 고급 고층아파트 6개 동과 60층 짜리 호텔로 구성된다. 이 아파트단지는 녹화율도 70%에 달해 상하이에서 가장 호화스러운 것으로 평가된다. 이미 1기 분양이 끝난 세무빈강화원은 매입자의 절반이 외국인이고, 나머지 50%를 상하이 현지인과 외지인이 각각 25%씩 구입했다. 평균 분양가는 1㎡당 2,000달러에 이르렀지만 분양은 쉽게 이뤄졌다.

그의 투자전략은 도시의 발전전망을 간파해 경쟁자보다 한발 앞서나가는 것이다. 한 예로 1997년 쉬룽마오는 경쟁자들이 아직 눈을 돌리지 못한 베이징의 중관춘(中關村)지역에 주목했다. 당시 중관춘에는 IT산업이 급격히 발전하면서 부자들이 크게 늘어났지만,

주변에는 이들이 살 만한 고급주택이 없었다. 중관춘지역을 노리는 경쟁 부동산업체가 없었던 만큼 토지는 아주 헐값으로 쉽게 구할 수 있었다.

쉬롱마오는 일반적인 중국의 사영기업가들과 마찬가지로 언론과 대중 앞에 모습을 나타내기를 꺼린다. 그는 드러내지 않고 조용히 사업하기를 특히 좋아한다. 주변 사람들의 말에 따르면 그는 정부 관리들과의 관계를 잘 관리하는 데 매우 치밀하다. 중앙정부나 지방정부의 유력 관리들과 맺어둔 꽌시는 쉬롱마오가 급속하게 사업을 발전시켜올 수 있었던 비결로도 일컬어진다.

중국에서 부동산투자의 성공 여부는 전망이 좋은 땅을 얼마나 유리한 조건에 얼마나 확보할 수 있는가에 달려 있다. 이런 점을 고려하면 쉬롱마오가 정부 관리들과 좋은 관계를 유지하려 한 것은 당연하다. 물론 투자전망이 좋은 땅을 판별하고 투자기회를 포착하는 것은 사업가의 몫이다.

5. 중국의 최연소 억만장자 쉬밍

쉬밍(徐明) 실덕집단(實德集團) 총재는 20대 초반에 사업에 뛰어들어 승승장구한 신화적 존재다. 1971년 4월 5일 랴오닝성 쫭허(庄河)현에서 태어난 그는 뛰어난 두뇌를 가졌을 뿐 아니라 대단한 노력파로 알려져 있다. 중학교와 고등학교, 대학교를 모두 1년씩 월반해 1990년 19세에 선양(沈陽)항공공업학원을 졸업했다. 대학 졸업 후 곧바로 고향 쫭허현의 대외경제무역위원회에 직원으로 취직했다.

하지만 공무원 생활의 무미건조함에 싫증을 내고 2년 만인 1992년 초 창업을 꿈꾸며 사직했다. 당시 전국 대도시에서 붐이 일고 있던 부동산에 관심을 가졌던 그는 다롄(大連)시로 오면서 건축관련 서적 6권을 들고왔다. 건축재료 제조업으로 사업을 시작한 그는 10년이 채 안 되는 기간에 고정자산 30억 위안, 사원 2천 명 이상을 거느린 대기업인으로 성장했다. 그가 총재로 있는 실덕집단은 건축재료, 석유화학, 가전, 스포츠, 보험 등 7개 업종으로 사업을 다각화했다. 2000년 한 해 그룹의 매출총액은 40억 위안에 달했다.

그는 2003년 10월 《유로머니》지에 의해 중국 사영기업인 중 15번째 부자로 선정됐다. 그는 1위에 선정된 인터넷 포털사이트 왕이(網易)의 띵레이(丁磊) 주석과는 1971년생으로 동년배다. 아울러 10위에 선정된 인터넷 게임업체 성따왕루어(盛大網絡)의 천티엔치아오(陳天橋) 총재에 비해서는 2년 연장이다. 이로써 그는 지금까지 누렸던 '중국 최연소 억만장자'란 타이틀을 내놓게 됐다.

하지만 쉬밍의 자산은 굴뚝산업과 실물자산에 기반을 둔다는 점에서 띵레이나 천티엔치아오에 비해 안정성이 훨씬 높은 것으로 평가된다. 인터넷상의 수익모델을 바탕으로 증시 상장을 통해 순식간에 거부가 된 띵레이와 천티엔치아오의 재산은 흔히 '가상자본'(虛擬資本)이라 불린다. 가상자본은 그만큼 가변성이 높다는 의미를 내포한다. 쉬밍이 부호 순위에서 밀렸음에도 불구하고, 여전히 중국 최연소 억만장자로 인식되는 것은 이러한 자산의 성격이나 사업내용과 직접적인 관계가 있다.

■ 쉬밍 프로필

▲부호 랭킹

△《포브스》지 선정 '2003년 중국 100대 부호 순위' 11위(2002년 12위, 2001년 18위) / 개인재산 3억 6,000만 달러

△《유로머니》지 선정 '2003년 중국 100대 부호 순위' 15위 / 개인재산 26억 위안

▲연령: 32세(1971년생)

▲출생지: 랴오닝성 쫭허(庄河)현

▲학력: 대졸(선양 항공공업학원)

▲주요 기업: 다롄(大連)실덕집단(實德集團)

▲직위: 실덕집단 총재

▲본사 소재지: 다롄시

▲주요 업종: 화공 건축재료, 축구 구락부

▲증시 상장시기: 2000년 12월 상하이 증시

쉬밍은 공무원을 그만두고 다롄시에서 사업을 시작할 때 부동산 개발에 뜻을 두었다. 하지만 그는 부동산개발에 직접 뛰어들지 않고 건축재료 제조를 먼저 시작했다. 처음 1년간은 사업이 어느 정도 성공을 거둬 몇 개의 작은 기업을 창업하긴 했지만, 전체적인 규모는 이렇다 할 것이 없었다.

쉬밍은 22세 때인 1993년 6월 마침내 도약을 위한 기회를 잡았다. 그 해 쉬밍이 경영하던 건축회사는 노력 끝에 다롄 시정부가 발주한 대형 토목공사 2건을 수주했다.

아이디어와 뚝심으로 인정받다

공사는 다롄시의 싱하이(星海)만을 메워 광장을 만드는 것과 다롄역 앞의 성리(勝利)광장을 파내는 것이었다. 막상 공사를 수주하긴 했지만, 쉬밍은 토목공사 분야에는 거의 문외한이었다. 고심 끝에 쉬밍은 기발한 방법을 생각해냈다. 성리광장에서 파낸 토사를 트럭으로 운반해 싱하이만을 메우는 방법이었다. 이렇게 할 경우 경비도 절약하고 공사기간도 단축할 수 있었다. 쉬밍은 이 방법으로 공사를 1995년 10월 완공하면서 2년여 만에 3,000만 위안을 벌어들였다. 아울러 다롄 시정부 고위 지도자들의 인정을 받는 무형적인 수익도 얻었다.

쉬밍은 토목공사가 진행중이던 1995년 기업규모가 상당한 수준에 이르자 다롄실덕집단을 설립했다. 자신이 동사장으로서 실덕집단을 총지휘하면서 곧바로 본격적인 팽창전략을 구사하기 시작했다. 실덕집단은 건축재료와 건설업을 넘어서 가전분야와 자동차생산으로 업종을 확대했으며 플라스틱제품 제조설비도 도입했다. 플라스틱제품 제조분야에서는 사업 초기 유럽에서 상당한 규모의 발주를 받은 것이 큰 힘이 됐다.

쉬밍이 플라스틱분야에 뛰어든 것은 급팽창하고 있던 중국의 부동산시장을 겨냥했기 때문이다. 당시 아파트 창틀을 비롯한 건축재료는 알루미늄 합금이 거의 절대적인 위치를 차지하고 있었고 플라스틱제품은 시작단계에 불과했다. 사업전망이 불투명한 플라스틱 건축재료 제조에 과감히 투자한 것은 "생산이 소비를 이끈다"는 자신의 경영철학 때문이었다. 그는 이미 대중화된 제품을 생산할 경우 시장에서 후발 진입자의 위치에 머물 수밖에 없다고 생각했다. 그는 끊임없는 제품개발과 혁신으로 저가에 각종 신제품을 내놓는다면 소비를 촉진하고, 나아가 시장을 선점할 수 있다고 확신하고 있었다.

쉬밍은 계속적인 실험과 시행착오 끝에 1995년 10월 품질기준을 충족시키는 플라스틱 건축자재를 개발하는 데 성공했다. 독일 대기업과 협력체제를 구축해 안정적인 원료 공급선을 확보했고, 제품도 독일의 품질기준을 통과하는 데 성공했다. 1998년 1월부터는 6억 위안을 들여 플라스틱 건축자재 제조라인을 연속적으로 세

차례 확장했다. 확장투자 자금은 상당부분 유럽에서 끌어왔다. 1998년 12월에는 생산제품에 대한 국제 품질기준인 ISO9002인증을 획득했다.

2000년에 들어서면서 쉬밍은 실덕집단을 종합그룹으로 끌어올리기 위해 다양한 전략적 투자를 시작했다. 우선 실덕집단의 주력업종인 플라스틱 건축재료 제조분야에서 왕좌를 차지하기 위해 플라스틱의 원료가 되는 PVC 석유화학 분야에 뛰어들기로 결정했다. 쉬밍은 PVC 생산분야에 2005년까지 160억 위안을 투자해 연생산규모를 50만 톤으로 늘리기로 했다. 외자 도입분 1억 5,000만 달러와 은행대출을 합친 초기자본 50억 위안은 이미 투자됐다.

쉬밍이 그룹의 운명을 걸고 석유화학 분야에 거액을 투자하기 시작한 것은 면밀한 시장전망과 분석을 거쳐 성공에 확신을 가졌기 때문이다. 그는 우선 실덕집단의 주력제품인 플라스틱 건축재료 생산을 확대하기 위해서는 PVC 석유화학 제품을 안정적으로 공급하는 것이 필수적이라고 생각했다. 아울러 PVC시장의 자체 수요도 계속적으로 커져 사업확장에 전혀 리스크가 없다고 판단했다. 그의 분석에 따르면 2005년까지 중국의 PVC 수요는 1,000만 톤에 달할 것으로 예상되지만, 국내 업체의 생산능력은 330만 톤에 불과하다.

사업 다각화로 대그룹의 반열에 진입

쉬밍은 제조업에 머물지 않고 2000년 여러 주주와 공동투자 형식으로 생명보험공사를 설립했다. 생명보험공사는 국무원이 비준한 중국 내 4개 보험공사 중 하나다. 쉬밍은 중국 보험시장의 전망을 고려해 생명보험공사의 최대주주로 참가했다. 쉬밍이 보험업에 진출한 것은 기업자본의 합리적 배치를 통해 리스크를 분산하기 위해서였다. 제조업분야의 장기적인 성장을 보장하려면 제조업과 금융업을 결합시켜 원활한 자금공급 라인을 확보하는 것이 필요하다고 생각했기 때문이다. 국유기업과 달리 은행융자가 매우 까다로운 사영기업은 자체적인 자본경영 없이는 성장을 보장받기 어려운 상황이라는 것을 고려한 것이다.

쉬밍이 실덕집단을 2000년 12월 상하이 증시에 상장한 것도 같은 맥락에서다. 쉬밍이 그룹을 상장시킨 것은 크게 두 가지 효과를 기대했기 때문이다. 우선 상장을 통해 안정적인 자본조달 창구를 마련하는 것이었다. 둘째는 증시의 힘을 빌어 실덕집단의 경영관리 수준을 한 단계 높이려는 데 있었다. 상장기업은 정기적으로 증권감독위원회의 조사를 받을 뿐 아니라 투자자들의 감시를 받기 때문에 자연스럽게 경영관리 개선효과를 얻을 수 있다.

실덕집단은 플라스틱 중심의 건축재료와 PVC생산에 특화한 석유화학 및 가전, 보험, 축구단 경영 등 7개 분야로 사업을 다각화했다. 실덕집단은 특히 2005년까지 플라스틱제품 생산능력을 연간 100만 톤까지 확대해 107억 위안의 매출을 올릴 계획에 착수했다. 이와 함께 2005년까지 PVC 연간 생산규모를 50만 톤으로 늘릴 경우 실덕집단은 명실공히 중국 플라스틱업계의 왕국을 구축하게 된다. 실덕집단은 또 가정의 필수 설비인 온수기도 생산한다.

쉬밍은 빠르고 과감한 경영 스타일을 갖고 있는 것으로 평가된다. 그의 경영철학이 가장 돋보이는 사례는 2000년 1억 2,000만 위안을 투자해 중국 최고 축구팀 중 하나인 다롄시의 만달(萬達)구단을 인수한 것이다. 이 구단은 쉬밍이 인수하면서 이름을 다롄실덕구락부로 바꿨다. 이 팀은 실덕집단이 인수한 뒤 전국 리그전인 '갑-A 리그전'(甲-A 聯賽)에서 잇따라 두 차례 우승했다.

부천 SK에 손짓한 축구 경영인

쉬밍은 본래 축구에는 문외한이었음에도 불구하고 "축구팀으로 돈을 벌지 못하면 바보"라고 주장한다. 그가 이렇게 말하는 것은 축구팀 운영 자체에서 오는 수입보다는 축구팀 자체가 갖는 브랜드나 인지도 같은 무형적 가치를 중시하기 때문이다.

쉬밍은 인지도가 기업의 성장을 결정하는 중요한 요소라고 본다. 예를 들어 중국인들에게 《포춘》지가 선정하는 세계 500대 기업의 이름을 열거하라면 거의 모르지만, 세계 유명 축구팀에 대해서는 잘 안다는 것이다. 그는 앞으로 축구구단이 실덕집단의 지명도를 높이는 데 엄청난 가치를 갖게 될 것이라고 주장한다.

축구팀과 중국인의 소비능력을 연결시키는 그의 주장도 의미가 있다. 쉬밍은 중국의 13억 인구 중 소비능력을 가진 인구는 4억에 불과하지만, 축구 애호 인구는 최소 3억에서 5억에 이른다고 말한다. 그는 특히 이들 축구 애호 인구의 대부분이 상대적으로 높은 소비능력을 갖고 있다는 점에서 축구가 갖는 이미지 홍보효과는 매우 높다고 판단한다. 그는 중국이 세계무역기구(WTO)에 가입함에 따라 축구구단이 대외적으로도 엄청난 경제효과를 갖게 될 것으로 전망한다. 중국시장에 진입하는 기업이 늘고 중국시장에 대한 투자규모가 커지면서 축구구단을 홍보수단으로 이용하려는 외국 대기업도 그만큼 늘어난다는 것이다. 따라서 쉬밍은 축구구단을 앞으로 최소한 10년 이상 경영할 것이라고 말한다. 나아가 매각의사가 있는 축구구단이 나타나면 언제든지 매입할 것이라고 공언했다. 그는 2003년 말 한국의 부천 SK구단 인수에도 관심을 보였다.

쉬밍의 축구구단 운영이념은 4가지로 요약된다. 산업적 차원에서 구단을 건설하고, 사업으로서 구단을 육성하며, 기업적 관점에서 구단을 운영하고, 문화로서 구단을 발전시킨다는 것이다.

중국 재계는 30대 초반에 중국 최대의 부자 반열에 진입한 쉬밍이 앞으로 어떤 신화를 창조할지 주목하고 있다.

6. 황족가문의 부동산 여걸 천리화

홍콩 부화국제집단(富華國際集團)의 천리화(陳麗華) 동사장은 중국 최고의 여성 갑부이자 대표적인 여성 사영기업인이다. 그녀는 소수민족인 만주족 출신으로 몰락한 청나라 왕족의 후예라는 독특한 집안의 배경을 갖고 있다.

천리화는 처음에는 가구수리로 약간의 돈을 모은 뒤, 1981년 홍콩으로 건너가 국제무역에 종사하면서 사업자금을 마련했다. 비록 가구수리와 국제무역에서 시작하긴 했지만, 그녀가 억만장자의 반열에 낄 수 있었던 것은 부동산투자를 통해서였다. 그녀는 1980년대 후반 베이징에서 본격적으로 부동산사업을 시작해 10여 년 동안 130만㎡ 이상의 토지에 35억 위안 이상을 투자했다.

그녀의 사업에는 만주 황족의 후예라는 가문의 배경이 상당한 역할을 한 것으로 평가된다. 특히 이 배경은 그녀가 각계의 고위인사들과 꽌시를 형성하는 데 큰 도움을 주었다. 천리화는 현재 전국정치협상회의(政協) 위원으로서 공직도 맡고 있다.

그녀는 1990년대 후반 들어 부동산사업을 아들에게 맡기고 자신은 자단박물관을 경영하는 데 전력을 기울이기 시작했다. 자단

(紫檀)은 주로 열대지방에서 자라는 나무로, 목질이 치밀하고 단단해 이 목재로 만든 가구는 매우 가치가 높다. 자단목은 흔히 "나무 한 조각이 금 한 조각과 맞먹는다"는 말을 듣는다. 자단목 가구의 가치는 해외에서도 정평이 나있다. 18세기 중국에서 만들어진 자단목 책상은 1994년 미국 소더비경매장에서 3,500만 달러 이상에 팔리기도 했다. 자단목은 귀하고 가치가 높은 만큼 과거에는 황실과 부호들이 각종 집기나 가구를 만드는 데 많이 사용됐다.

천리화는 1999년 베이징에 '중국자단박물관'을 설립해 집안과 중국의 전통 목공예를 부흥시키기 위한 터전으로 삼았다. 자단박물관은 그녀의 개인적 취향에 의해 만들어지긴 했지만, 부동산기업으로서 홍콩 국제부화집단의 지명도를 높이는 데도 크게 기여할 전망이다. 고급 전통 목공예와 부동산 건설은 궁합이 매우 잘 맞는 이미지를 갖기 때문이다. 중국자단박물관은 이미 미국과 홍콩 등의 수집가로부터 상당한 주목을 받고 있다. 박물관에 소장 전시된 1,000여 점의 각종 자단 목공예품의 시가는 현재 약 17억 위안에 이르는 것으로 추산된다.

■ 천리화 프로필

▲부호 랭킹

△≪포브스≫지 선정 '2003년 중국 100대 부호 순위' 10위(2002년 5위, 2001년 6위) / 개인재산 3억 6,100만 달러

△≪신재부≫지 선정 '2003년 중국부호 순위' 4위 / 개인재산 38억 5,000만 위안

△≪유로머니≫지 선정 '2003년 중국 100대 부호 순위' 5위 / 개인

재산 48억 위안

▲연령: 62세(1942년생)

▲출생지: 베이징

▲학력: 고졸

▲주요 기업: 홍콩 부화국제집단(富華國際集團)

▲직위: 홍콩 부화국제집단 동사장

▲본사 소재지: 베이징

▲주요 업종: 부동산, 자단가구 제조

천리화는 청나라의 주력군대였던 만주 8기 중 하나로 황실의 측근부대를 형성했던 정황기(正黃旗) 집안에서 1942년 태어났다. 정황기의 지도부가 황족 일파였던 만큼 천리화의 본성도 천(陳)씨가 아닌 예허나라(葉赫那拉)였다. 1911년 신해혁명으로 청조가 붕괴되긴 했지만, 집안이 상당한 세력을 갖고 있었기 때문에 천리화도 어린 시절을 유복하게 보냈다. 어린 시절 그녀는 서태후의 거처였던 이화원에서 상당기간을 생활했다. 조상으로부터 전해 내려온 고급 자단가구들이 집안에는 여전히 남아 있었다.

홍콩에서 부동산으로 기반을 잡다

1966년 문화대혁명이 일어나면서 천리화의 집안에도 비극이 찾아왔다. 천리화의 할머니와 어머니는 홍위병의 박해를 피하기 위해 족보를 불태웠다. 집안에 있던 자단목 가구 중 일부분을 정부에 상납하고 일부분은 스스로 부수어버렸다. 그러고도 남은 가구는 집안의 돼지우리 옆에 땅을 파고 묻었다.

1976년 4인방이 몰락한 뒤 성인이 된 천리화는 집안에 파묻었던 자단목 가구를 파내보았다. 놀랍게도 가구들은 10년간 땅 속에서 전혀 훼손되지 않고 고스란히 남아 있었다. 이때부터 천리화는 자신이 황족 가문임을 나타내주는 상징물로서 자단목 가구에 특별한 애착을 갖기 시작했다. 천리화가 가구를 수리하는 목공으로 사회생활을 시작한 것도 이와 무관치 않다. 그녀는 문화대혁명이 끝난 직후 경쟁이 별로 없는 환경에서 개인적 성실성과 신용을 바탕으로 상당한 성공을 거뒀다. 가구 수리를 시작한 지 몇 년 만에 그녀는 가구공장을 차려 기업주가 됐다. 그녀는 비록 대학을 다니지 않았지만 "나에게는 가난이 가장 훌륭한 대학이었다"고 술회했다.

1981년 천리화는 가구공장으로 모은 돈을 들고 홍콩으로 건너갔다. 홍콩에서 그녀는 각계 인사들의 도움을 얻어 국제무역과 부동산투자를 시작했다. 홍콩에서 상당한 창업자금을 마련한 것은 투기에 가까운 부동산투자 덕분이었다. 홍콩에서 그녀는 지인의 권고로 지금까지 번 돈을 모두 투자해 별장 12채를 샀다. 별장 값이 단기간에 폭등한 덕분에 그녀는 충분한 창업자본을 모을 수 있었다.

천리화는 이 돈으로 홍콩에 부화국제집단을 창설한 뒤 1980년대 후반 마침내 베이징으로 돌아와 부동산 개발에 나서기 시작했다. 개혁개방의 물결에 재빨리 편승해 돈을 번 도시 부자들과 외국인들의 고급주택 수요를 주목한 것이다. 그녀는 일찌감치 홍콩에서 베이징으로 사업 근거지를 옮긴 덕분에 1997년 홍콩과 동남아를 강타한 금융위기를 피할 수 있었다. 금융위기 이후 홍콩의 부동산재벌들 대부분이 큰 피해를 봤지만 천리화는 전혀 손실을 보지 않았다.

베이징에서 천리화는 다른 부동산 거부들과 마찬가지로 고급주택에 관심을 기울임과 동시에 건축과 전통문화를 접맥시키는 데도 노력했다. 중국으로 돌아온 직후 천리화는 1990년 베이징의 황금지대인 건국문(建國門) 밖의 동장안가(東長安街)에 상당한 규모의 토지사용권을 획득했다. 여기에 건설하기 시작한 장안구락부는 정책상의 문제로 10년 가까이 걸리긴 했지만 5억 위안의 투자비를 들여 1996년 완공됐다. 천리화는 장안구락부를 완공한 뒤 미국의 구락부 관리회사인 CCA와 계약해 관리를 맡겼다. 호화시설을 갖춘 장안구락부는 이후 베이징에 여러 구락부가 신설됐음에도 불구하고 여전히 최고급 수준에 속하는 것으로 평가된다. 베이징에서 장안구락부 회원권은 일종의 부와 성공의 상징으로 여겨진다.

장안구락부를 완공한 뒤 천리화는 다각경영 체제로 들어갔다. 고급구락부와 아파트 등 부동산건설을 위주로 하되 호텔·아파트 관리, 관광업, 상업과 무역, 인터넷 정보산업, 항공서비스 등으로 사업영역을 확대했다.

부동산분야에서 그녀는 베이징에만 지금까지 130만㎡에 이르는 토지에 35억 위안을 투자해 고급아파트와 구락부 등을 건설했거나 건설중이다. 10년 만에 부동산분야에서 이처럼 성공을 거둔 사영기업은 손가락으로 꼽을 정도다. 베이징 외에도 다롄, 선전, 허베이(河北)성 친황다오(秦皇島) 등에 호텔과 아파트를 건설했다. 해외에서는 호주와 동남아 등지에 분사를 설립했다.

현대식 건축과 전통 문화를 결합

2000년부터 시작해 2005년 완공할 베이징 왕푸징(王府井) 동편의 찐바오지에(金寶街) 공사는 천리화의 부동산 건설이념을 잘 보여준다. 35만㎡에 40억 위안이 투자되는 이 공사는 전통 건축양식과 현대 건축양식을 결합시킨 종합 쇼핑가로 건설된다.

베이징에서 10년간에 걸친 천리화의 부동산투자는 다른 부동산 기업인들이 한결같이 탐내는 황금지대에서 이뤄졌다는 특징이 있다. 부동산건설에서 땅의 입지조건은 사업의 성공과 직결된다. 이에 따라 천리화가 잇따라 황금지대를 획득한 비결은 부동산 기업인들의 관심거리가 됐다.

천리화는 자신이 부동산사업에서 성공할 수 있었던 비결은 인간관계에 있다고 말한다. 그녀는 스스로 경영신조가 "성실히 신용을 지키고, 진심으로 친구를 사귀는 것"이라고 말한다. 그녀가 교우하는 사람들은 대부분 지위와 명성이 높은 관리나 재계의 명사들이지만 모두가 그런 것은 아니다. 그녀는 건설 대상지의 토지에서 내몰릴 철거민들에게도 매우 정성을 쏟는 것으로 유명하다. 대표적인 예가 2000년 왕푸징 동쪽의 찐바오지에 공사를 위해 철거를 시작했을 때였다. 그녀는 철거에 앞서 담당직원들에게 2,400여 호에 이르는 철거민과 절대 싸우거나 말다툼을 벌이는 일이 있어서는 안 된다고 지시했다.

중국에서 부동산 재개발을 둘러싼 철거과정에서는 어려운 문제가 비일비재하게 발생한다. 2003년 초 상하이에서는 철거와 보상조건에 반발한 철거민들이 분신자살을 기도하기도 했다. 주민들이

탄원서를 들고 집단으로 국가주석이나 총리 면담을 요구하는 사례도 적지 않다.

하지만 쩐바오지에 철거작업에서 천리화는 철거민들을 호별 방문해 함께 이야기하며 고충을 들어주는 자세를 보였다. 덕분에 쩐바오지에 철거공사는 대규모 공사로서는 전례가 없는 단기간인 20일 만에 완료됐다. 20일에 걸친 철거공사 기간에 천리화는 60대의 나이에도 불구하고 17일을 현장에서 지냈다.

그녀는 "사업가는 비용을 겁내지 말아야 한다"고 주장한다. 비용을 더 들이더라도 일이 순조롭게 처리되면 비용 이상의 이득이 돌아온다는 것이다. 공기를 맞추는 것이 생명인 건설공사에서 비용을 아끼다가 철거가 지연되면 더 큰 비용을 소모하게 된다는 것이 그녀의 지론이다.

천리화는 자본경영에 매우 소극적인 것으로 알려져 있다. 중국의 대규모 사영기업가들 사이에는 증시 상장을 통한 자본조달 등 자본경영이 유행처럼 돼 있지만 그녀는 여기에 부화뇌동하지 않았다. 그녀는 이론적으로 부족한 경영능력을 성실과 근면으로 보완하는 스타일이다. 경영업무와 관련해서 부하직원들의 보고를 들을 때는 1시간 이상 전후 사정을 자세히 듣고 문제를 제기하는 것이 몸에 배어 있다. 하지만 그녀는 평소에 시장상황을 소상히 파악함으로써 사업을 결정할 때는 신속한 결단을 내리는 것으로 정평이 나 있다.

화폐적 가치를 넘어선 자단박물관

1999년 천리화는 베이징에 2억 위안을 투자해 자단 목공예품을 전시하는 중국자단박물관을 설립하면서 사업을 아들에게 맡겼다. 자신은 중요한 경영사항만 관장하고 대부분의 시간을 박물관에서 지낸다. 그녀는 박물관과 목공예 공장에서 500여 명의 장인들과 함께 지내면서 전통 자단 목공예기술 부활에 정력을 기울이고 있다. 박물관 설립에 앞서 자단 목공예품 생산을 위한 부화가구유한공사(富華家具有限公司)를 설립했다. 박물관 설립 후 그녀는 자단목 재료를 구하기 위해 동남아 각국의 밀림지역 구석구석을 돌며 조사활동을 벌였다. 아울러 전통을 가장 완벽하게 복원하기 위해 베이징 고궁(故宮)과 협력관계를 구축했다. 고궁에 근무하는 유명 목각 장인들의 기술을 전수받기 위해서였다.

천리화는 중국의 건축예술을 대표하는 모든 건축물을 자단목으로 복원하겠다는 포부를 밝혔다. 베이징에 현존하는 모든 성문과 누각뿐 아니라 문화대혁명 때 파괴돼 사라져버린 70여 개의 성문을 모두 복원해 박물관에 전시하겠다는 것이다. 중국자단박물관은 일부를 이미 개장해 목공예품을 전시중이다.

한 달 입장료 수입은 고작 1만 위안 정도로 전기·수도료에도 못 미치지만 그녀는 전혀 개의치 않는다. 그녀의 눈길은 훨씬 더 먼 곳을 향하고 있다. 2008년 베이징 올림픽이 개최되고 수많은 외국 관광객들이 몰려왔을 때 그녀의 박물관은 세계적인 명성을 갖게 된다는 계산이다. 이렇게 되면 그녀가 창업한 홍콩부화국제집단도 함께 국제적인 지명도를 얻게 될 것이다.

"성공적인 기업인은 모든 생활과 취미까지도 자연스럽게 돈과 연결된다"는 말은 천리화에게 딱 어울린다.

중국의 비즈니스환경 해부

중국식 자본주의의 함정

"사회주의 중국이 한국보다 더 자본주의적"이란 말이 있다. 기업에 대한 규제나 노동조합의 지나친 힘과 같은 한국의 비즈니스환경을 거론할 때 자조적으로 쓰이는 표현이다. 물론 어느 부분적인 현상만 본다면 이 말에도 일리가 없는 것은 아니다. 하지만 이 표현을 너무 진지하게 받아들일 필요는 없다.

중국의 비즈니스환경이 기업활동에 매우 유리해 보이는 것은 제도와 현실 사이의 괴리 때문이다. 중국정부는 안정적인 경제발전을 최우선 과제로 하고 있지만 이를 위한 제도적 틀에는 많은 공백이 있으며, 제도를 실시하는 데도 큰 어려움을 겪고 있다. 때문에 중앙정부나 지방정부는 경제발전을 위해 편법적이고 자의적인 행정수단을 사용하는 경우가 많다. 행정수단이란 외자유치를 위한 각종 특혜나 지원을 의미한다. 공정한 게임의 룰보다는

특혜나 지원을 의미한다. 공정한 게임의 룰보다는 목적 달성에 초점을 맞춘 이러한 편의적 관행은 단기적으로는 효과가 있겠지만 장기적으로는 비즈니스환경을 훼손하게 된다.

중국에서 꽌시를 비롯한 비공식적 요소가 중시되는 것은 이와 무관치 않다. 하지만 비공식성과 편의성은 경우에 따라서는 기업활동을 억압하는 요인이 된다. 비공식적 관계나 편의적 특혜에 의존하는 기업은 언제가 그 대가를 치러야 할 수도 있다.

1. 꽌시는 만병통치약 아닌 윤활유

"중국에서는 꽌시만 있으면 안 되는 것이 없다"든지 "중국에서는 꽌시가 없으면 사업을 하기 어렵다"고 말하는 사람을 적잖이 볼 수 있다. 이로 인해 꽌시(關係)는 중국에서 비즈니스의 성공을 약속하는 필수적인 열쇠처럼 인식되기도 한다. 상황이 이러니 중국에서 공직자나 특정부문의 책임자와 한두 번 만나거나 함께 식사한 것을 놓고 "누구와 꽌시가 있다"고 과시하는 사람까지 나온다. 한발 더 나아가 중국인과 갖고 있는 꽌시를 내세우며 "나를 통하면 일이 성사된다"고 중개역할을 자임하는 사람도 있다.

하지만 꽌시를 절대시하면 절대적으로 문제가 생긴다. 중국에서 꽌시는 매우 중요하긴 하지만 모든 것을 해결해주는 만병통치약은 아니다. 꽌시는 일종의 윤활유와 같다. 자동차에 윤활유가 필수적이긴 하지만 윤활유로 차를 움직일 수는 없다. 마찬가지로 꽌시는 일의 진행을 도와주는 역할을 하지만, 꽌시만으로 일을 성사시킬 수는 없다.

꽌시는 "비공식적이고 개인적인 관계의 네트워크"로 정의된다. 그러면 꽌시는 어떤 성격을 갖고 있을까? 꽌시는 어떻게 형성되고 유지되며 어떤 위험성과 한계를 갖고 있을까?

꽌시는 첫째, 두 주체간의 비공식적인 관계를 말한다. 꽌시가 형성된 시발점이 공식적 접촉인지 사적 접촉인지에 관계없이 꽌시는 궁극적으로 비공식적이란 특징을 갖는다. 따라서 꽌시는 공식적이거나 제도적으로 규정된 관계의 틀을 갖지 않는다. 꽌시는 공식적 조직과는 직접적인 연관관계가 없을 뿐 아니라 공식적인 영역 밖에서 형성되는 경향을 띤다.

둘째, 꽌시는 개인적이고 인간적인 관계를 기초로 한다. 꽌시를 형성하는 두 주체는 각각의 사회적 지위나 역할보다는 개인 대 개인으로서 친분을 갖게 된다. 꽌시가 형성되기 위해서는 때때로 두 주체간의 공통점이 필요하기도 하지만 이것이 충분조건은 아니다. 꽌시가 형성되고 유지되기 위해서는 상호간의 인간적 접촉과 친근감(感情)이 요구된다. 이에 따라 정치영역의 경우 꽌시를 형성한 행위주체들은 조직이 추구하는 정책이나 원칙보다는 개인적 충성을 훨씬 중시한다. 경제영역에서는 거래가 조직차원의 신뢰나 관계보다는 개인적 이해에 의해 좌우된다.

셋째, 꽌시는 일방적이 아니라 상호적인 관계이며, 따라서 서로에게 지속적으로 호의를 표시해야 한다. 이때 호의는 일상생활에 필요한 희소자원에서부터 특정한 기회나 정치적 지지에 이르기까지 다양하다. 호의의 교환이 즉각적이거나 반드시 대응적으로 이뤄져야 하는 것은 아니다. 하지만 장기적으로 볼 때 호의는 각종 방식을 통해 지속적으로 교환된다.

넷째, 꽌시의 중요한 기초는 상호신뢰다. 꽌시는 근본적으로 비공식적인 상호관계에 바탕을 두기 때문에 공식적이고 제도적인 수단으로 서로간의 약속을 이행하도록 보장할 수는 없다. 따라서 꽌시를 형성하는 주체들은 상대방이 비공식적인 의무를 이행할 것이란 믿음 위에서 관계를 유지한다. 신뢰는 때때로 장기적인 상호관계 속에서 자연스럽게 형성되고 유지되기도 한다. 그러나 어느 일방이 신뢰를 지키지 않으면 꽌시는 그때부터 끝나게 된다. 반면 상대방이 곤경에 처했을 때 신뢰를 지키는 성실한 태도를 보여주면 꽌시는 더욱 강화된다. 대표적인 예가 미국 금융그룹 AIG와 장쩌민(江澤民) 주석의 관계다.

꽌시는 고비용의 보험성 투자

AIG는 1992년 외국 금융회사로는 최초로 상하이에서 보험 영업허가를 얻어냈다. 당시 AIG가 획득한 허가는 다른 해외업체에 비해 4년이나 앞선 데다 투자조건과 영업상 특혜도 파격적이었다. AIG는 중국 업체와의 합작투자 의무가 면제됐을 뿐 아니라, 생명보험과 손해보험 업무를 동시에 수행할 수 있는 자격을 부여받았다. AIG는 상하이 시장에서 4년간의 선점효과를 이용해 광저우와 베이징으로도 한발 앞서 진출할 수 있었다.

AIG의 성공은 행크 그린버그 당시 회장이 장쩌민 주석과 일찌감치 구축한 꽌시 덕분이었다. 그린버그 회장과 장쩌민 주석의 꽌시는 1980년대 말 장주석이 상하이시 당서기로 있을 때부터 형성됐다. 그린버그 회장은 특히 1989년 6·4천안문사태로 해외기업이 대거 철수했을 때도 약속했던 상하이의 부동산투자를 진행시켰다. 당시 상하이시 당서기로 있던 장주석이 그린버그 회장의 신뢰를 높이 평가한 것은 당연하다. 신뢰를 통해 상대방의 체면을 세워준 그린버그 회장의 노력은 장주석이 1992년 최고권력을 장악한 뒤 파격적인 특혜로 되돌아온 셈이다.

꽌시의 이러한 특징은 개혁개방 이전의 공산주의체제에도 중요한 분배 메커니즘으로 작용했다. 당시 희소했던 각종 생산수단과 상품에 대한 통제권을 쥔 사람은 특혜적인 분배를 통해 특정한 상호관계와 충성을 확보할 수 있었다.

중국의 꽌시를 보는 시각은 크게 문화적 관점과 구조적 관점으로 나누어진다. 문화적 관점은 꽌시를 역사적으로 형성된 상당히 견고하고 독특한 중국의 사회적 행위양식으로 본다. 이 관점에 따르면 꽌시는 중국인의 일상적 인간관계에서 중심적 위치를 차지한다. 아울러 중국에서 개인적 관계의 네트워크가 갖는 중요성은 다른 나라에 비해 훨씬 높다고 본다. 문화적 관점은 꽌시를 중국인의 성격에 뿌리박힌 정태적이고 지속적인 요소로 규정하는 경향이 있다. 여기에 따르면 중국의 꽌시는 사회경제적 변화와 제도화에도 불구하고 쉽게 약화되지 않고 계속 영향력을 행사하게 된다.

이에 비해 구조적 관점은 꽌시가 중국이 처한 특정한 시기와 사회경제적 환경의 영향을 강하게 받는다고 본다. 예를 들어 문화대혁명이나 개혁개방 같은 특정한 기간에 중국인이 가장 경제적이고 효율적인 행위방법을 추구하는 과정에서 형성된 일종의 생활양식이라는 것이다. 구조적 관점에 따르면 꽌시는 행위자들이 생산적인 것으로 인식하고 의도적으로 노력한 결과 형성된다. 편의를 위한 일종의 사회경제적 도구인 셈이다. 특정한 사회적 환경에 적응하기 위한 도구인 만큼 사회경제적 환경이 바뀌고, 여기에 맞는 최선의 행위방식이 달라지게 되면 꽌시의 형태도 변할 수밖에 없다.

문화적 관점과 구조적 관점은 강조점이 다르지만 그렇다고 상호 배타적으로 볼 필요는 없다. 두 관점은 중국인의 경제적 행위양식을 이해하는 데 상호 보완적인 기능을 수행할 수 있다.

화교자본의 중국 투자 매개체는 꽌시

중국의 비즈니스환경과 관련해서 해외에서 꽌시에 주목하게 된 것은 1990년대에 들어와서다. 개혁개방 이후 중국이 흡수한 해외자본과 해외 투자자의 성격을 분석하는 과정에서 꽌시의 기능을 발견하게 된 것이다.

일반적으로 기업인은 투자에 앞서 투자자본의 안정성과 투자효율을 가장 중시한다. 투자 대상국이 투자자본의 안전과 효율을 보장할 수 있는 제도적 환경을 어느 정도 갖추고 있는지 먼저 고려한다는 의미다. 흥미로운 것은 개혁개방 초기에 중국이 경제활동과 관련한 각종 제도적 장치를 거의 갖추지 못했음에도 불구하고 대규모 해외투자를 끌어들일 수 있었다는 사실이다. 아울러 해외투자자들의 국적과 이들이 중국 내에서 투자한 지역도 뚜렷한 경향성을 갖는다.

1979~1998년 20년간 중국에 투자된 해외자본의 70%는 홍콩, 타이완, 싱가포르 세 지역에서 왔다. 특히 1990년대 초까지 들어온 해외자본은 이들 세 지역이 90% 이상을 차지했다. 1998년까지 중국에 대한 해외직접투자(FDI)의 구체적인 비율을 보면 홍콩이 59%, 타이완이 8%, 싱가포르가 3%였다. 다른 국가의 투자비율은

미국 8%, 일본 8%, 한국 2% 등이었다.

개혁개방 초기 홍콩과 타이완, 싱가포르 자본이 중국으로 대거 몰려온 이유는 무엇일까? 이들 지역은 우선 넓은 의미에서 화교가 주류를 이루는 사회다. 화교가 개혁개방 초기 중국의 제도적 공백에도 불구하고 투자를 할 수 있었던 이유는 바로 꽌시가 갖는 역할 때문이었다. 비공식적 꽌시가 공식적인 제도를 대신해 투자의 안정성을 보장해주었던 것이다. 이런 점에서 중국의 꽌시는 경제 영역에서 공식적 제도의 공백이나 불완전성, 취약한 법적 시스템을 보완하는 긍정적 역할을 수행했다. 화교들이 꽌시를 믿고 중국에 선구적으로 투자할 수 있었던 것은 또 한편으로 이들이 능동적으로 꽌시를 형성하고 이용할 수 있었기 때문이다.

꽌시의 형성과 이용에 있어 화교는 다른 국가의 투자자에 비해 절대적인 우위를 가지고 있다. 언어와 문화적 전통을 공유할 뿐 아니라 여러 가지 점에서 중국인과 동질감을 갖고 있기 때문이다. 외국인이 특정 국가의 사회에 적응하는 과정은 현지 사회에서 통용되는 일종의 문화적 암호를 해독하는 과정이라고 할 수 있다. 화교는 중국인의 후예로서 중국의 문화적 암호를 이미 기본적으로 체득하고 있었기 때문에 적응에 소요되는 시간과 비용을 최소화할 수 있었다.

중국은 국토가 넓고 인구가 많을 뿐 아니라 지역별 문화의 차이가 상대적으로 크다. 이것은 문화적 암호가 중국 내에서도 지역적으로 상이할 수 있다는 것을 시사한다. 이에 따라 중국에 투자하는 화교들은 당연히 문화적 동질성이 더욱 강한 조상의 연고지역을 선호하게 된다. 이것은 1998년까지 20년간 광둥성과 푸젠성이 중국 전체 FDI의 38%를 흡수할 수 있었던 이유를 설명해준다. 이 기간 광둥성은 전체 FDI의 28%를 끌어들였고, 푸젠성은 10%를 흡수했다. 광둥성에 대한 주요 투자자는 홍콩 기업인들이었고, 푸젠성에는 타이완 기업인들이 주로 투자했다. 이것은 홍콩과 타이완 주민의 역사적 연고와 직접적인 관계가 있다. 홍콩은 광둥성 출신의 후예들이 다수를 이루고, 타이완은 푸젠성 출신이 다수를 형성한다. 이것은 곧 개혁개방 초기 중국에 진출하는 화교기업들이 역사적 연고를 중시해 투자했음을 보여준다.

개혁개방 이후 꽌시가 외자유치에 긍정적인 역할을 한 것은 중앙정부의 정책과도 직접적인 연관이 있다. 개혁개방은 과거 중앙정부에 집중돼 있던 각종 경제적 결정권을 대폭적으로 지방정부에 이양하는 형태로 진행됐다. 여기에는 지방에서 거둬들인 세금 중 일정 비율을 지방정부가 사용할 수 있도록 유보하는 조치도 포함돼 있었다. 이처럼 중앙정부가 지방에 경제권력을 이양하고 세금을 유보할 수 있도록 한 정책은 방권양이(放權讓利)라 불린다. 만약 중앙정부에 경제권력이 계속 집중돼 있었다면 화교라 하더라도 중앙의 정책결정자들과 꽌시를 형성하기가 매우 어려웠을 것이다.

이와 달리 경제적 결정권을 이양받은 지방정부의 각급 관리들은 다른 지역보다 많은 투자를 유치하기 위해 해외 투자자들에 특혜를 줄 준비가 돼 있었다. 해외 투자자들은 지방정부 관리들과 일단 꽌시를 형성하면 투자상의 특혜뿐 아니라 투자에 대해 지속적인 보호를 받을 수 있었다. 특히 개혁개방 초기 중앙정부의 각종 경제정책이 빈번히 바뀌는 상황에서 투자자들은 투자자본의 안정성을 확보하기 위해 꽌시를 이용했다.

지방정부가 중앙정부의 지시를 어겨가면서 투자자를 보호할 수 있었던 것은 중국 정치구조의 분권주의와 취약성 때문이다. 개혁개방 이후 경제권력이 지방으로 대폭 이양되면서 중앙정부는 지방정부를 직접적으로 통제할 수 있는 수단이 크게 줄었다. 특히 경제 분야에서 이런 경향은 더 심했다.

지방분권주의가 꽌시의 커넥션을 강화

지방정부가 지역경제에 대해 통제권을 가지면서 투자자들은 지방 관리들과 꽌시를 형성하고 유지하는 것을 일종의 투자로 인식하게 됐다. 꽌시가 투자자본에 대한 일종의 보험기능을 했기 때문이다. 나아가 꽌시는 유리한 투자기회를 특혜적으로 확보할 수 있는 매개체 역할을 함에 따라 그 효용성이 더욱 커졌다. 견고한 꽌시는 투자자가 신뢰성 있는 경제관련 정보를 지속적으로, 그리고 배타적으로 얻을 수 있는 통로의 구실도 했다.

꽌시가 일종의 투자라는 점에서는 꽌시의 구축과 유지에 필요한 비용이 문제가 된다. 만약 꽌시를 형성·유지하기 위한 비용이 꽌시를 통해 얻을 수 있는 잠재적 소득을 초과한다면 꽌시의 효용성은 사라지게 된다.

꽌시가 본질적으로 갖고 있는 한계성과 제약성을 살펴보자.

첫째, 영향력을 가진 모든 사람과 좋은 관계를 형성하고 유지하기가 어렵고, 비용 또한 많이 든다.

둘째, 꽌시는 개인적 관계에 기반을 둔 특성으로 인해 영향력을 가진 핵심적 인물들에 결정적으로 의존한다. 만약 이런 인물들이

자리를 옮기거나 영향력을 잃게 되면, 이들의 보호에 의지하는 투자는 곤경에 빠지게 된다.

셋째, 꽌시 형성에서 진정으로 유용한 관계와 그렇지 않은 관계를 구분하기가 어렵다. 이것은 꽌시 네트워크가 갖는 불투명성으로 인해 불가피하게 나타나는 한계성이다.

넷째, 꽌시와 부패 사이의 경계선이 매우 모호하다. 꽌시에서 필수적인 상호간의 호의와, 특혜나 보호의 대가로 제공되는 뇌물을 구별하기가 매우 어렵다. 부패로 단속당할 경우 투자자는 단기적인 이익을 훨씬 초과하는 장기적 손실을 입게 된다.

다섯째, 많은 경쟁자가 개입하는 대규모 사업에서는 꽌시를 통해 배타적인 이익을 얻기가 매우 어려워진다. 경쟁자간의 감시와 정부기관 내부의 견제가 강하기 때문이다. 개혁개방 초기 화교기업이 꽌시를 이용해 중국에 대거 진출할 수 있었던 것은 대부분 중소기업으로서 투자규모가 작았기 때문이기도 하다.

꽌시의 생명력은 제도화나 제도의 투명성 증가와 어느 정도 반비례의 관계를 갖는다. 꽌시는 앞으로 개혁개방이 심화되고 제도적 환경이 더욱 개선됨에 따라 그 효용성이 점차 적어질 가능성이 있다. 더욱이 세계무역기구(WTO) 가입으로 중국 국내시장의 경쟁환경이 국제적 감시를 받게 되면서 꽌시의 영향력은 크게 줄 수도 있다.

하지만 지방주의나 관료주의 같은 다양한 장애요인을 고려할 때 중국의 전반적인 제도화과정이 순탄할 것으로 낙관할 수만은 없다. 제도를 만드는 것과 제도를 실천하는 것은 별개의 문제이기 때문이다. 이런 점에서 중국의 꽌시는 상황과 시기에 따라 정도의 차이

는 있겠지만, 강한 생명력을 지니고 비즈니스에 영향을 끼친다고
봐야 한다.

2. 권력 앞에서는 작아지는 기업인

중국은 시장경제의 역사가 짧은 데다 경제제도의 성숙도가 상대적으로 낮다. 엄격한 법적 잣대를 적용하면 당연히 기업비리도 많이 나오기 마련이다. 중국은 또 선진 자본주의국가와 달리 경제분야와 정치분야가 상호 작용하는 방식이 크게 다르다. 선진국에서는 정치권력이나 행정권력이 직접적으로 경제분야에 작용하는 예가 많지 않다. 중국에서는 사정이 다르다. 정치적·행정적 권력이 직접적인 기업의 흥망요인으로 작용하는 경우가 많다.

중국에서 권력과 기업은 양면적 관계를 갖는다. 권력은 특혜를 줌으로써 특정기업을 성장시킬 수도 있지만, 한순간에 파산시킬 수도 있다. 사영기업인들 역시 공정한 경쟁보다는 지방정부나 관계기관의 특혜에 의존하는 경우가 많다 보니 일반적으로 모럴해저드(도덕적 해이)가 강하다. 이런 점에서 중국의 사영기업은 권력에 매우 취약한 위치에 있다. 사영기업의 이러한 위치는 흔히 '원죄'(原罪)로 불리기도 한다. 사영기업의 성장이 제도적인 토대 위에서 공정경쟁을 통했다기보다는 특혜적 지원에 힘입었기 때문에 생래적으로 국가권력에 떳떳하기 어렵다는 의미다. 사영기업인들은 이에 따라 국내에서 매우 목소리를 낮추며 정부에 협력하는 자세를 취한다. 정부의 비위를 거슬렀다가는 결과를 예측할 수 없기 때문이다.

2000년대 들어 중국에서는 많은 사영기업인들이 몰락했다. ≪포브스≫지가 선정한 2001년 중국 100대 사영기업가 중에서 2002년에는 아예 순위에 들지 못한 사람이 35명이나 됐다. 물론 이들의 추락이 모두 정부의 비리 단속과 연관된 것은 아니다. 이 중에는 경영의 실패로 자산규모가 크게 줄어든 기업인도 있고, 비리에 따른 사법적 조치로 인해 파산한 기업인도 있다.

권력이 마음먹기에 달린 부자의 운명

≪포브스≫지의 2002년 중국 부자 순위에서 추락한 대표적인 기업인으로는 양빈(楊斌) 구아집단(歐亞集團) 총재가 꼽힌다. 양빈은 2001년 재산이 75억 위안에 달하는 것으로 조사돼 중국의 두번째 부자로 선정된 인물이다. 그는 2002년 북한 신의주 경제특구 장관에 임명되기도 했지만, 중국 당국에 체포돼 조사를 받고 2003년 7월 1심 재판에서 징역 18년을 선고받았다.

2002년에는 또 중국의 인기 영화배우 출신으로 중국 최대의 엔터테인먼트 그룹인 북경효경문화예술공사(北京曉慶文化藝術公司) 대표였던 류샤오칭(劉曉慶)이 몰락했다. 류샤오칭은 2002년부터 시작된 중국정부의 조세비리 일제조사에서 시범케이스로 걸려 든 것으로 인식된다. 일벌백계의 의미로서 "닭을 죽여 원숭이를 겁준다"는 중국 고사성어가 있듯이 유명 기업인에 대한 선별적 단죄는 기업계 전체에 커다란 경고효과를 주게 된다.

2003년 5월에는 상하이 최대의 사영기업인으로 불리던 농개집단(農凱集團)의 동사장 저우쩡이(周正毅)가 당국에 체포됐다. 저우쩡이는 2002년 ≪포브스≫지에 의해 중국의 11번째 부호로 선정된 인물이다. 그는 중국의 월간지 ≪신재부≫가 선정한 2003년 부호 순위에서도 개인재산 25억 8,000만 위안으로 13위에 올랐다. 저우쩡이에 대한 조사는 특히 국유상업은행의 불법대출 관행과 연관돼 있어 국내외적으로 매우 주목을 받았다. 저우쩡이 사건에는 중국 4대 국유상업은행 중 하나인 중국은행의 홍콩지점 총재를 비롯한 고위 금융 관계자들이 연루된 것으로 알려졌다.

먼저 탈세혐의로 몰락한 중국 2대 여성 갑부 류샤오칭의 예를 보자. 류샤오칭은 1970~1980년대 중국의 대표적인 영화배우로 명성을 날린 인물이다. 1980년대 그녀는 연예계에서의 명성 및 정계 유력인사들과의 친목을 바탕으로 기업경영에 나섰다. 주요업종은 오락산업과 부동산이었다. 류샤오칭은 1999년 ≪포브스≫지가 선정한 중국 50대 부호 명단에 들었을 정도로 급속한 성공을 거뒀다.

그녀의 불법행위가 처음 문제됐던 것은 1989년이었다. 당시 산둥(山東)성 칭다오(靑島) 세무국은 회계장부 조작과 관련해 그녀에게 세금추징 통지서를 발부했다. 하지만 그녀는 변호인단과 정계의 인맥을 이용해 사건을 무마했다.

2002년 들어 국가적 차원에서 비리가 의심되는 기업에 대해 대규모 세무조사를 시작하자 이야기는 달라졌다. ≪인민일보≫ 보도에 따르면 류샤오칭은 이때도 인맥을 동원해 탈출구를 모색했다.

그러나 주룽지(朱鎔基) 당시 총리가 "법대로 처리하라"는 지시를 내리면서 곧바로 체포됐다. 조사에 따르면 그녀의 탈세액은 1,458만 위안에 이르는 것으로 집계됐다. 베이징 세무당국은 류샤오칭으로부터 탈세액과 벌금을 추징하기 위해 전국 각지에 있는 그의 집과 별장 10채를 경매에 부쳤다.

류샤오칭이 당국에 의해 표적조사를 받았는지는 확인할 방법이 없다. 하지만 그녀가 사업에서 어느 정도 성공하고난 뒤 사회적 이미지를 관리하는 방법에는 문제가 있었다는 분석이 있다. 자서전 출판이나 광고 등을 통해 자신을 알리는 데 너무 나섰다는 것이 한 예다.

그녀의 몰락에는 이와 함께 정치적 요인이 작용한 것으로 분석된다. 류샤오칭이 체포된 2002년 7월 24일은 중국공산당이 제16차 전국대표대회를 앞두고 있던 매우 중요한 시점이었다. 공산당은 2002년 11월 16차 당대회에서 21세기 공산당의 새로운 지도이념을 공포했다. 아울러 장쩌민(江澤民) 핵심의 제3세대에서 후진타오(胡錦濤) 중심의 제4세대로 지도부를 세대 교체했다. 이처럼 중요한 정치적 전환기를 앞두고 공산당은 인민대중의 지지를 확보할 필요가 있었다. 특히 날로 심화되는 빈부격차와 부패에 대한 인민들의 불만을 달래는 것이 중요한 과제였다. 이러한 상황에서 류샤오칭에 대한 조사는 정부 입장에서 볼 때 선전가치가 매우 높았다고 할 수 있다. 이전부터 세무비리 의혹이 있었던 데다 영화배우 출신으로서 전국적 지명도를 갖고 있었기 때문이다.

어쨌든 류샤오칭이 체포되고난 뒤 베이징에서는 유명 기업인들이 세금을 자진 납부하는 재미있는 일이 벌어졌다. ≪인민일보≫

에 따르면 류샤오칭이 체포된 2002년 7월 한 달 동안 베이징 세무 당국이 거둬들인 추가적인 조세수입은 1억 위안이 넘었다.

신의주 특별행정구 장관 양빈의 몰락 배경

구아집단 양빈 총재의 몰락 원인에 대해서는 해외 언론에서도 다양한 해석을 내놓았다. 그가 북한에 의해 신의주 특별행정구 장관에 임명된 것이 몰락을 초래한 직접적인 요인이 됐다는 추측도 있다. 이 추측은 중국이 북한과의 민감한 국경지역인 신의주에 자유무역 특구가 들어서는 것을 전략적으로 부담스러워했다는 개연성에 바탕을 둔다.

양빈이 신의주 특별행정구 장관에 임명된 것과 양빈에 대한 중국 당국의 조사가 어떤 인과관계를 갖고 있는지는 아직도 명확히 밝혀지지 않았다. 하지만 그가 신의주 특별행정구 장관에 임명되기 이전부터 중국 당국의 조사가 시작된 것은 분명해 보인다. 따라서 양빈의 몰락에는 그와 북한, 중국 사이의 3각 관계보다는 그의 사업방식이 더 큰 요인이 됐다는 분석이 좀더 설득력이 있다.

양빈은 2002년 10월 4일 중국 당국에 체포돼 2003년 7월 14일 1심 재판에서 18년형과 벌금 830만 위안을 선고받았다. 벌금 830만 위안은 양빈 개인에 부과된 230만 위안과 구아집단의 불법행위에 부과된 600만 위안이 포함돼 있다. 양빈은 1심에 불복해 항소했지만 9월 7일 항소심에서 원심이 확정됐다. 중국에서 기업인으로서 그의 생명은 끝나게 된 셈이다. 1심 판결에서 인정된 혐의는 농업용지 불법점유와 재무문서 위조, 뇌물공여 등 6가지였다.

양빈은 네덜란드에서 무역으로 사업자금을 마련한 뒤 1994년 중국으로 돌아왔다. 그는 중국에서 사업 초기 네덜란드식 선진농업과 화훼산업을 주력산업으로 내걸고 상당한 지명도를 얻었다. 양빈은 중국에서의 성공을 토대로 주력기업인 구아농업(歐亞農業)을 홍콩증시에 상장해 그룹의 자금조달 창구로 삼았다.

양빈이 몰락의 길을 걷게 된 사업은 랴오닝성 선양(沈陽)시 외곽의 390만 평 부지에 건설하기 시작한 허란춘(荷蘭村)이었다. 허란춘은 네덜란드를 뜻하는 허란과 마을을 뜻하는 춘이 합해진 것으로, 네덜란드 마을이란 의미를 갖는다. 1998년 9월 양빈이 선양시에 토지사용 허가 신청서를 제출했을 때 그는 커다란 환영을 받았다. 양빈이 당시 신청한 토지용도는 유럽식 기술을 이용한 첨단 농업단지였다. 네덜란드의 자본과 기술을 들여와 화훼와 환경 친화적인 무오염 채소단지를 조성한다는 것이었다.

당시 랴오닝성은 중화학공업을 중심으로 한 국유기업들이 중앙정부의 국유기업 개혁조치로 문을 닫으면서 심각한 경제적 곤경에 처해 있었다. 이런 상황에서 양빈이 신청한 허란춘은 랴오닝성의 경제구조를 개혁하고 고용을 창출할 수 있는 첨단산업으로 평가받았다. 양빈의 토지사용 허가신청이 쉽게 받아들여진 것은 물론이다. 뿐만 아니라 양빈의 허란춘은 선양시가 중점 육성하는 20개 사업항목에 포함되기도 했다.

하지만 양빈은 이 토지를 신청한 목적대로 사용한 것이 아니라 부동산사업으로 전용했다. 유럽식 농업단지가 아닌 네덜란드 풍의 대단위 호화 별장타운으로 건설한 것이다. 선양시 검찰의 기소장에 따르면 양빈은 토지를 용도 변경하는 과정에서 관계 공무원들에게 거액의 뇌물을 제공했다. 홍콩 언론의 보도에 따르면 양빈에 대한 수사는 처음부터 그를 지목하고 시작된 것은 아니었다. 그보다는 선양시의 대규모 토지불하 과정에 대한 주민들의 불만에 대해 중앙정부가 조사에 나선 것이 직접적인 원인이었다.

선양시는 1990년대 들어 두 차례에 걸쳐 시유지를 대규모로 불하했다. 토지불하는 토지의 점유·사용권 매각을 의미한다. 시유지 불하는 1992년과 1998년 각각 절정에 달했다. 1992년 1차 불하에서는 주로 선양 시내의 토지가 매각대상이 됐다. 당시 선양시에는 부동산 개발회사가 500개에 달할 정도로 부동산 붐이 거세게 불었다. 1998년 2차 불하에서는 선양시 교외의 농지가 주요 매각대상이었다. 시내의 금싸라기 땅은 이미 매각이 거의 끝났기 때문이다.

이러한 토지 점용권 매각에는 으레 부패가 따르기 마련이다. 좋은 토지를 좀더 싼 가격에 매입하려는 개발업자와, 이를 이용해 사욕을 채우려는 관계 공무원들이 결탁하기 때문이다. 부패는 국가와 농민의 손실로 이어지게 된다. 원칙상 국가소유인 토지가 저평가돼 헐값으로 불하되면 결과적으로 국유재산의 손실을 초래하게 된다. 아울러 농지가 농민에 대한 충분한 보상 없이 불하될 경우에는 농민의 피해로 연결된다.

선양시의 토지불하 과정에서 문제가 많았던 것은 토지불하로 얻은 수입에서도 잘 나타난다. 2000년의 경우 선양시가 토지불하로 얻은 수입은 7,000만 위안이었다. 반면 선양시보다 규모가 훨씬 작은 다롄(大連)시는 같은 해 토지불하로 3억 위안의 수입을 올렸다. 이것은 결국 선양시의 토지불하 과정에 그만큼 특혜와 비리가 많았다는 것을 시사한다.

중국정부는 이러한 문제점과 관련해서 2002년 초부터 선양시에 대해 조사를 벌인 것으로 알려지고 있다. 이렇게 볼 때 양빈의 비리는 그에 대한 표적수사라기보다는 선양시의 토지불하 부패를 조사하는 과정에서 드러났을 가능성이 크다. 양빈이 건설해 완공단계에 들어선 허란춘은 현재 그의 손을 떠나 선양시가 대리 관리하고 있다.

상하이 최고 부자 저우쩡이의 몰락

또 다른 사례로 농개집단의 저우쩡이 동사장에 대한 체포와 조사는 국유은행과 관련돼 한층 복잡한 양상을 띤다. 저우쩡이는 중국의 사영기업인 중에서도 개성이 강한 사람으로 평가된다. 그는 중학교 졸업 학력으로 홍콩과 미국에서 밑바닥 생활을 하며 처음 부를 축적했다. 그는 중국 상하이에서의 부동산건설과 사회간접자본 건설, 주식투자를 주력업종으로 삼아 거부를 축적했다.

그의 사회적 태도는 중국과 홍콩에서 크게 달랐다. 중국에서는 돌출된 행동을 자제했지만, 홍콩에서는 유명 배우들과의 염문이나 사업과 관련한 돌출발언으로 유명세를 얻었다. 그의 사치스러운 생활과 염문설은 홍콩 언론에 자주 보도됐다. 그는 2001년 ≪포브스≫지가 중국의 100대 부호를 발표했을 때 자신이 94위로 선정된 데 대해 상당한 불만을 표시했다. 자신의 실제 재산이 ≪포브스≫의 발표보다 훨씬 많다며 "조사가 잘못됐다"고 주장하기도 했다. 당시 중국의 부자들이 될 수 있는 대로 자신을 드러내지 않으려고 노력한 것과는 대조되는 모습이었다.

저우쩡이가 2003년 5월 조사받게 된 계기에 대해서는 견해가 엇갈린다. 한 가지 설은 그가 올해 초 상하이에서 대규모 토지를 개발하면서 철거민들에게 적절한 보상을 해주지 않았다는 것이다. 상하이에서는 부동산을 개발할 경우 주민들에게 개발지역 입주권을 부여하거나, 또는 지가에 상응하는 이주비와 보상을 제공해야 한다.

하지만 저우쩡이는 적절한 보상을 해주지 않아 철거민들의 반발을 불러일으켰다. 일부 주민들이 분신 항의하고, 주민대표들이 호소문을 들고 베이징의 국가 지도부 면담을 요구하기도 했다. 이러한 상황에서 정부는 주민의 불만이 정부로 향하는 것을 막고 토지 불하 과정의 비리를 조사하기 위해 저우쩡이를 체포하기에 이르렀다.

또 다른 설은 중국정부가 부동산 과열을 막기 위해 은행대출 문제를 조사하는 과정에서 저우쩡이에 대한 불법대출 사실이 드러났다는 것이다. 홍콩 언론보도에 따르면 저우쩡이가 지난해 중국은행 홍콩지점에서 불법 대출받은 자금은 50억 홍콩달러에 달한다. 이밖에 중국은행 상하이지점에서도 불법대출을 받은 것으로 알려졌다.

저우쩡이는 이 대출금으로 증권시장에서 불법거래, 즉 작전을 통해 상하이의 한 부동산회사를 매입한 것으로 전해졌다. 중국은행에서 대출받은 단기자금으로 매입대상인 부동산회사의 주식을 대거 매집해 경영권을 확보한 다음, 매집한 주식을 중국은행에 대출자금의 담보로 넣었다는 것이다.

중국은행 홍콩지점의 류찐바오(劉金寶) 총재도 저우쩡이로부터 뇌물을 받고 불법대출을 해준 것으로 알려졌다. 그는 저우쩡이가 체포된 직후 베이징으로 소환돼 조사를 받기 시작했다. 류찐바오는 지금까지 불법대출과 관련해서 중앙의 조사를 받은 최고위급 은행 관계자 중 한 사람이다.

류샤오칭과 양빈, 저우쩡이 사건은 중국 사영기업가들이 국가권력과 갖는 비대칭적 관계를 보여주는 극히 일부의 사례에 불과하다. 사영기업인들이 정치적 약자의 입장에 처하게 된 근본원인은 개혁개방 이후 사영기업이 제도적 공백 속에서 성장해온 점과 불가분의 관계가 있다. 사영기업인들은 제도가 부실한 상황에서 꽌시와 관행화된 불법을 성장의 주요 무기로 활용했다.

그렇다고 해서 정부가 사영기업을 무작정 단죄할 수는 없다. 사영기업이 경제발전의 원동력이 된 상황에서 사영기업을 지나치게 억압할 경우 경제활력을 해칠 수 있기 때문이다. 지금까지 중국정부는 한편으로는 사영기업의 전체적인 활력을 유지하고, 또 한편으로는 경제질서를 세우기 위해 특정기업을 선별적으로 단죄하는 방법을 택했다.

하지만 사영기업의 경제적 영향력이 무시할 수 없을 정도로 커진 상황에서 선별적인 조치는 한계가 있기 마련이다. 앞으로 중국정부의 과제는 사영기업들이 공정하게 경쟁할 수 있는 제도적 메커니즘을 확립하는 데 초점이 모아질 수밖에 없다.

3. 권력과 돈의 정략결혼

개혁개방에 따라 계획경제에서 시장경제로 경제체제가 이행하면서 과거 계획경제 시절 국가가 독점했던 경제적 기능을 상당부분 시장으로 이전하는 것이 불가피해졌다. 이 과정에서 기업은 국가 및 가계와 함께 핵심적인 경제행위자로 부상하게 됐다.

하지만 이 과정은 매우 점진적이었다. 중국은 동유럽 각국이 1990년대 초 사회주의체제가 붕괴한 뒤 급속한 사유화정책을 택한 것과 달리 점진적인 시장화과정을 밟았다. 이것은 중국이 사회주의이념과 공산당 일당독재 체제를 움직일 수 없는 전제로 유지하면서 경제부문에서만 시장체제를 도입하려고 했기 때문이다.

그럼에도 불구하고 중국의 사영기업은 점진적이면서도 지속적인 발전을 통해 국민경제에서 절대적인 위치를 차지하게 됐다. 2001년 말 사영기업의 수는 202만 8,500개에 달했고 총생산액은 1조 2,316억 위안에 이르렀다. 사영기업 종업원 총수는 2,118만 명으로 집계됐다. 사영기업이 매년 새롭게 창출하는 일자리 수는 300만 개를 넘는다.

사영기업과 개체공상호, 외자기업을 포함한 비공유제 기업의 생산규모는 이미 국유부문을 크게 넘어섰다. 1998년 말 현재 국유, 집체, 비공유제 부문이 중국의 공업 총생산액에서 차지하는 비율은 각각 28.4%, 38,1%, 40.2%였다. 이것은 비공유제 부문이 중국의 산업생산에서 주도적 위치에 올라섰다는 것을 의미한다.

과학기술 분야에서도 사영기업의 발전속도는 눈부시다. 2001년 초 중국 전체의 국가급 기술개발구 53개에 입주한 2만여 개 기업 중 사영기업이 차지하는 비율은 80%를 넘어섰다. 아울러 1999년 말 현재 총수입이 1억 위안을 넘는 기업은 1,625개에 달했다. 이 중 총수입이 10억 위안을 넘는 기업은 119개였고, 20억 위안을 넘는 기업은 45개였다. 사영기업이 지금과 같은 속도로 발전할 경우 2010년이면 세계 500대 기업에 진입하는 기업도 나올 전망이다.

사영기업은 중국경제 발전의 원동력

중국은 현재 국민경제에 대한 사영기업의 역할을 5가지로 보고 있다.

첫째, 사영기업은 국민경제의 새로운 역량이다. 계획경제의 틀에서 벗어나지 못한 국유기업과 달리 사영기업은 계획경제 외부에서 생성되고 성장하면서 중국경제를 발전시키는 힘이 되고 있다.

둘째, 사영기업은 새로운 일자리를 창출하는 주요 통로역할을 한다. 고비용 저효율에 시달리는 국유기업은 지금까지 중국정부의 주요 개혁대상이었다. 국유기업 개혁에서 중국정부가 가장 부담스러워했던 것은 개혁으로 초래될 대량의 실업노동자였다. 사회보장 체제가 정비되지 않은 상태에서 쏟아져나오는 과도한 실업자는 정치·사회적 불안요소로 작용하기 때문이다. 이런 상황에서 사영기업의 발전은 실업압력을 해소하는 데 매우 큰 공헌을 해왔다. 사영기업은 일자리를 창출함으로써 중국정부의 국유기업 개혁에 결정적인 힘을 실어주었다.

셋째, 사영기업은 중국경제의 시장화를 촉진하는 역할을 한다. 사영기업은 계획경제 외부에서 규모를 확장하면서 계획경제 영역을 축소하는 기능을 수행해왔다. 계획경제 부문은 근본적으로 행정적 독점에 바탕을 두고 있으며 시장과는 다른 시스템으로 움직인다. 하지만 사영기업은 비록 특혜와 부패에 의존하기는 했지만 기본적으로 다수의 기업이 경쟁하는 시장 메커니즘 속에서 성장했다. 사영기업의 영역과 규모확대는 시장경제의 확대를 가져왔고, 이것은 역으로 계획경제 영역의 축소로 귀결됐다.

넷째, 사영기업은 기술혁신의 주력군 역할을 한다. 기술혁신의 동기는 초과이윤이다. 기술개발자는 초과이윤이 자신에게 돌아온다는 전제가 있을 때 더욱 적극적으로 기술을 개발하게 된다. 소유주가 분명한 사영기업은 초과이윤을 획득하기 위해 기술혁신에 강한 의욕을 갖게 마련이다.

다섯째, 사영기업은 국유기업의 개혁과 발전을 위한 외부적 자극요인이다. 시장화가 진전됨에 따라 국유기업도 과거의 독점적 위치에서 벗어나 시장에서 사영기업과 경쟁하는 비율이 높아지게 됐기 때문이다. 이런 상황에서 국유기업이 좀더 생산성이 높은 사영기업과 경쟁하기 위해서는 자체 개혁이 불가피하게 됐다.

사영기업이 중국경제에서 지금과 같은 위치를 차지하기까지는 매우 점진적인 이념적 해방의 과정을 거쳤다. 공산당은 개혁개방

당시 사영기업을 직접 육성한 것이 아니라 부분적으로 시장을 허용함으로써 사영기업이 자생할 수 있는 기반을 마련했다.

만만디로 강화돼온 사영기업의 법적 지위

우선 1978년 12월 제11차 전국대표대회 3중전회에서 공산당은 농촌 자류지(自留地)에 대한 농민의 권리를 인정했다. 아울러 농촌 시장인 집시(集市)에서 농민들이 교역을 통해 얻은 이익을 보호하겠다고 천명했다. 도시에서도 농촌 생산품을 교역할 수 있는 시장을 허용했다. 한정적인 시장을 허용한 이러한 정책은 시장교역과 관련된 각종 소규모 파생업종이 생겨날 수 있는 길을 열었다.

여기서 생겨난 것이 개체공상호였다. 개체공상호가 번성하기 시작하자, 공산당은 1981년 6월 제11차 당대회 6중전회에서 개체공상호에 이념적인 지위를 부여했다. 6중전회에서 통과된 규정은 다음과 같다.

"국영경제와 집체경제는 우리나라의 기본적인 경제형식이다. 일정한 범위 내의 개체경제는 공유제 경제의 필요한 보충요소다."

중국은 일반적으로 공산당이 허용한 원칙을 또다시 헌법으로 재확인하고 구체화하는 절차를 밟는다. 입법기관인 전국인민대표대회는 1982년 헌법개정을 통해 개체공상호에 법적 지위를 보장했다. 1982년 12월 제5차 전국인민대표대회 5차 회의에서 통과된 헌법 제11조의 수정안 내용은 다음과 같다.

"법률이 규정한 범위 내의 도시와 농촌 개체경제는 사회주의 공유제경제의 보충요소다. 국가는 행정을 통해 개체경제를 관리·지도·지원·감독한다."

개체공상호를 넘어서는 개인기업, 즉 사영기업이 허용된 것은 1987년 발표된 공산당 중앙위원회 5호 문건에서다. 5호 문건의 내용은 다음과 같다.

"비교적 장기간 개체경제와 약간의 개인기업이 존재하는 것은 불가피하다. 개인기업에 대해서는 당연히 존재를 인정하고 관리를 강화하며 점진적으로 발전을 인도하는 방침을 채택해야 한다."

1987년 11월 개최된 공산당 제13차 전국대표대회는 사영기업의 발전에 결정적인 계기가 됐다. 13차 당대회 보고에서 공산당은 '사회주의 초급단계론'을 체계적으로 기술하면서 사영경제가 사회주의 초급단계에서 필요한 존재임을 인정했다. 구체적인 내용은 다음과 같다.

"공유제를 주체로 각종 소유제 경제를 발전시킨다. 사영경제의 존재와 발전을 허용하는 것은 사회주의 초급단계 생산력의 실제상황에 의해 결정된 것이다. 이렇게 해야만 생산력의 발전을 촉진할 수 있다."

1988년 4월 개최된 제7차 전국인민대표대회 1차 회의에서는 또다시 헌법수정을 통해 13차 당대회에서 공표된 내용을 추가했다. 이로써 사영경제란 단어가 처음으로 헌법규정에 공식적으로 들어가게 됐다. 헌법 조문은 다음과 같다.

"사영경제는 사회주의 공유제 경제의 보충이다. 국가는 사영경제의 합법적 권리와 권익을 보호하고, 사영경제를 지도·감독·관리한다."

사영경제에 대한 공산당의 태도가 지속적으로 완화된 것은 아니다. 사영경제는 1989년 6·4천안문사태가 발생하면서 위축기를 맞았다. 이것은 당중앙에서 보수파가 득세하면서 사영경제를 사회주의와 모순되는 존재이자 착취와 비착취계급이 분화할 수 있는 계기로 보았기 때문이다.

하지만 1992년 봄 덩샤오핑이 남순강화로 개혁개방 정책을 재천명하자 분위기는 다시 반전됐다. 1992년 가을에 개최된 공산당 제14차 전국대표대회에서는 사영경제에 대한 이념적 지위를 한층 진일보시켰다. 사영경제와 관련한 14차 당대회 보고내용은 다음과 같다.

"소유제 구조상 공유제를 주체로 하되 개체경제와 사영경제, 외자경제를 보충으로 하는 복합적 경제성분이 장기적으로 공동 발전해야 한다. 서로 다른 경제성분은 자발적으로 각종 형태의 연합경영을 할 수 있다. 국유기업과 집체기업, 기타 기업은 모두 시장에 진입해 평등한 경쟁을 하며, 이 속에서 국유기업은 주도적 작용을 발휘할 수 있다."

1997년 개최된 공산당 제15차 전국대표대회에서는 개혁개방 이후 20년간의 성과를 바탕으로 사영경제에 획기적인 지위를 부여했다. 내용은 다음과 같다.

"비공유제 경제는 사회주의 시장경제의 중요한 구성부분이며, 비공유제 경제의 건강한 발전을 위해 계속적으로 장려하고 지도해야 한다."

이것은 지금까지 사영경제를 '공유제 경제의 보충'으로 규정한 데서 탈피해 처음으로 '중요한 구성부분'으로 독자적인 지위를 부여했다는 의미를 갖는다. 이 규정은 1999년 3월 15일 제9차 전국 인민대표대회 2차 회의에서 다시 헌법수정을 통해 명문화됐다. 수정된 헌법조문은 다음과 같다.

"법률이 규정한 범위 내의 개체경제와 사영경제 등 비공유제 경제는 사회주의 시장경제의 중요한 구성부분이다. 국가는 개체경제와 사영경제의 합법적 권리와 이익을 보호한다."

2003년 10월 11일 개최된 공산당 제16차 전국대표대회 3중전회에서는 한발 더 나아가 비공유제 기업을 공유제 기업과 동등하게 대우해 "대대적으로 발전시키고 적극적으로 지도하겠다"고 선언했다. 비공유제 기업이 21세기 중국경제 발전의 핵심동력임을 인정한 것이다. 내용을 보자.

"개체경제와 사영경제 등 비공유제 경제는 중국 사회생산력 발전을 촉진하는 중요 역량이다. 비공유제 경제의 발전을 제한하는 법률, 법규, 정책을 청산·수정하고 제도적 장애를 없앤다. 시장진입을 확대해 법규로 금지하고 있지 않는 인프라시설, 공공사업 및 기타 업종과 영역에 비공유 자본이 진입하는 것을 허용한다. 비공유제 기업은 자본조달, 납세, 토지사용, 대외무역 등의 방면에서 다른 기업과 동등한 대우를 누린다. (정부는) 비공유제 중소기업의 발전을 지지하고, 조건이 되는 기업이 크고 강하게 되도록 고무한다."

개혁개방 이후 20여 년간 사영기업은 이처럼 공산당의 이념적 제약으로부터 서서히 해방돼왔다. 공산당이 사영기업에 대한 이념적 제약을 약화시킬 때마다 그 내용은 헌법개정을 통해 명문화됐다.

하지만 당대회의 결의와 헌법의 조문이 곧바로 각종 법률과 제도의 정비로 연결된 것은 아니다. 사영경제 부문이 법적으로는 국유경제와 거의 동일한 위치로 격상됐지만, 실제적인 경제현장에서 사영기업은 여전히 약자의 위치에 머물러 있다.

대표적인 예가 금융부문이다. 증시 상장이나 은행대출에 있어 사영기업은 국유기업에 비해 매우 불리한 위치에 있다. 자본주의 체제에서 증권시장은 기업이 자본을 조달하고, 인수합병(M&A)을 통해 규모를 키울 수 있는 매우 중요한 통로다. 하지만 중국에서 사영기업은 증시 상장이 어려워 자본조달과 규모확대에 많은 한계가 있다. 금융부문에서 사영기업이 불이익을 받는 것은 사영기업의 낮은 신용도와도 관계가 있다. 사영기업의 신용이 낮거나 불투명한 만큼 은행으로서는 리스크를 무릅쓰면서 대출해주기를 원치 않는다.

하지만 더 큰 이유는 국유기업이 가진 정치적 우위 때문이다. 국가가 소유주인 국유기업은 정치와 경제가 결합돼 있다는 특성이 있다. 국유기업은 소유주가 국가일 뿐 아니라 경영자도 대부분이 공산당원으로 충원된다. 국유기업은 이러한 정치적 위치를 이용해 필요할 때는 언제든지 국가소유인 국유 상업은행으로부터 대출을 받을 수 있다. 현재 중국에서는 국유 상업은행이 예금과 대출의 70% 이상을 차지하고 있다.

《포브스》지가 선정한 2002년 중국의 100대 사영기업인 중에서 공산당과 정부의 각종 공직을 맡고 있는 사람은 25명에 달했다. 이 중에는 2개 이상의 공직을 겸하는 기업인이 5명이었다. 이들이 맡고 있는 공직은 공산당 전국대표대회 대표(3명), 의회격인 전국

인민대표대회 대표(9명), 공산당의 통일전선전술 조직인 전국정치 협상회의 위원(12명), 공산당 방계단체인 전국 공상련 부주석(2명), 지방 공상련 주석 및 부주석(4명) 등이었다.

이들이 공직을 맡게 된 이유는 크게 두 가지다. 우선 창업하기 전에 이미 공산당원 신분을 갖고 있던 부류다. 또 하나는 기업이 일정 규모로 성장한 뒤 자진해서 공산당과의 협력을 강화한 부류 다. 후자는 사영기업의 정치적 취약성을 극복하고 기업의 지속적 인 발전을 보장받기 위한 수단으로 공산당과 적극 협력하는 길을 택한 것이다.

하지만 이도저도 아닌 사영기업인들은 불리한 위치를 감수하며 기업을 꾸려나갈 수밖에 없다. 사영기업에서 비리가 많이 적발되 는 것은 국유 상업은행이 금융에서 차지하는 위치 및 국유기업이 자금조달에서 갖는 특권적 지위와 맞물려 있다. 은행대출이 국유 기업 위주로 진행되기 때문에 자금조달이 어려운 사영기업은 각종 불법적 수단을 동원하게 되는 것이다. 이런 상황이 지속되면 사영 기업인들은 공산당에 적대적인 세력으로 변질될 가능성이 있다.

3개대표사상으로 만개하는 사영기업의 미래

2002년 11월 8일 개최된 공산당 제16차 전국대표대회에서 새 롭게 당헌에 추가된 3개대표사상(三個代表思想)은 이런 점에서 중요 한 의의가 있다. 3개대표사상은 공산당이 일관되게 중국의 '선진 사회생산력의 발전요구'(先進社會生產力的發展要求)와 '선진문화의 전진방향'(先進文化的前進方向), '가장 광대한 인민의 근본이익'(最廣

大人民的根本利益)을 대표한다는 것이다. 이것은 공산당이 과거의 노동자·농민을 위한 계급정당에서 전 인민의 정당으로 거듭 나겠다는 방향성을 천명한 것이다. 아울러 3개대표론에 적합한 인물은 누구든 공산당에 입당시키겠다는 공산당의 의지를 표현한 것이다.

3개대표론에서 특히 주목할 항목은 '선진 생산력'이다. 공산당이 선진 생산력을 대표한다면, 생산력 발전에 공헌하는 집단도 공산당원이 될 수 있다. 다시 말하면 중국경제의 발전에 기여하는 사영기업인 역시 선진 생산력을 대표하는 집단으로서 공산당원이 될 수 있다는 것이다. 사영기업인의 공산당 가입이 공식적으로 허용된다는 것은 궁극적으로 사영기업인이 중국의 정치권력을 나눠가질 수 있다는 것을 의미한다.

공산당이 3개대표론을 발표한 것은 사영기업의 경제력이 더 이상 무시할 수 없을 정도로 성장했음을 인정한 결과로 봐야 한다. 성장한 사영경제인을 공산당 바깥에 계속 놓아둘 경우 공산당과 대립적인 정치세력으로 결집할 가능성이 있기 때문이다. 3개대표론은 결국 사영경제인 집단이 적대적 세력으로 변질되기 전에 공산당체제 내로 수렴하려는 노력으로 볼 수 있다.

배경이 무엇이든 사영기업인의 공산당 가입은 경제적으로 결정적인 중요성을 갖는다. 지금까지 정치권력에서 배제됨으로써 경제적으로 불이익을 받았던 사영기업인들이 국유기업과 동일한 정치경제적 지위를 획득할 수 있게 됐기 때문이다. 3개대표론에 따라 공산당에 가입하는 사영기업인이 증가하면 사영기업의 성장은 더욱 빨라질 것이다. 사영기업인들이 공산당 내부에서 사영경제 부문을 대표하는 일종의 이익단체 역할을 할 것이기 때문이다.

하지만 당분간 공산당은 사영기업인을 공산당에 가입시키는 데는 매우 신중할 것으로 전망된다. 공산당이 급속하게 사영기업인을 당원으로 영입할 경우 공산당이 자본가정당으로 변질될 위험성이 있기 때문이다. 이렇게 되면 공산당은 광대한 기층민중의 지지를 상실할 가능성이 있다.

이런 점에서 공산당은 앞으로 이념적 순수성과 경제발전 사이에서 불안한 균형을 잡으며 전진할 가능성이 크다. 사회주의 공유제 이념의 외피를 유지하면서, 동시에 사유제에 바탕을 둔 사영기업을 진흥함으로써 경제발전을 추구한다는 것이다. 정략결혼이 부부 간에 사랑보다는 긴장을 동반하듯이, 권력과 자본의 결혼에도 높은 긴장이 수반될 수밖에 없다.

제도화되는 게임의 법칙

합법과 불법의 경계선 조정

중국에서는 열심히 일하는 것만으로는 부자가 되기 어렵다. 부자가 되기 위해서는 사회의 흐름을 읽는 눈과 사회적 관계를 이용할 수 있는 능력이 있어야 한다. 중국의 부자는 개혁개방 이후 국가가 실시한 국유재산의 시장화과정에서 기회를 포착하고 이를 잘 이용한 사람들이다.

중국정부와 부자는 서로를 필요로 한다. 시장경제를 위해서는 국유재산의 민영화가 필수적이고, 민영화를 위해서는 국유재산을 이용해 부가가치를 창출할 수 있는 민간 기업인이 필요하기 때문이다.

국가와 기업인의 결합이 최선의 결과만 낳는 것은 아니다. 토지 민영화에서는 부동산업자들의 무자비한 국유재산 침탈이 있었다. 부동산업자들은 싼값에 불하받은 토지를 싼 이자로 빌린 은행돈으로 개발해 엄청난 차익을 남겼다. 땅에서 내몰린 주민들은 행정적 억압으로 인해 제대로 보상을 받지 못했다. 자본주의가 두 손에 피를 묻히며 성장해왔듯이 중국의 시장화과정도 예외는 아니다.

하지만 이제는 게임의 룰이 중요하다. 경제의 안정적 성장과 질적 발전을 위해서 그렇다. 이는 WTO 가입에 따라 국제적 경쟁에 직접적으로 노출된 기업의 생존을 위해서도 필요하다. 중국은 후진적 수준에서 곧바로 선진적 수준으로 경쟁환경을 제도화하기 시작했다.

1. 누가 어떻게 돈을 벌었나

　중국의 부자는 개혁개방 이후 경제체제가 계획경제에서 시장경
제로 변화하는 과정에 재빨리 적응한 집단이다. 개혁개방 이후 경
제체제의 변화는 국가의 의도적이고 점진적인 이행 프로그램에 따
라 진행됐다. 중국의 부자는 국가의 경제체제 이행 프로그램에 편
승하거나, 변화의 방향을 예측하고 한발 앞서 나감으로써 부를 축
적했다.

　중국의 경제체제 이행은 기존의 계획경제체제하에서 국가가 소
유하던 각종 경제적 자산, 즉 국유재산을 시장으로 이양하는 과정
이었다. 하지만 이 과정은 전례 없는 대규모의 사회적 실험이었던
터라 많은 시행착오를 겪을 수밖에 없었다.

　경제체제 이행의 이러한 성격으로 인해 중국에서 개인이 부를
축적하는 과정은 합법과 불법의 경계선을 넘나드는 매우 미묘한
성격을 띠게 됐다. 부자들은 때로는 제도적 공백을 이용하고, 때로
는 경제적 자원의 분배권을 가진 각급 정부 관리들과 비공식적인
관계를 이용해 독점적 이윤을 얻는 경우가 많았다. 물론 그렇다고
해서 부자들이 모두 의도적으로 탈법적인 수단을 이용해 부를 축

적했다고 할 수는 없다. 기본적으로는 중국정부가 이행과정에서 사전에 시장경제체제의 정상적 운행을 뒷받침할 제도적 틀을 처음부터 완벽하게 갖출 수는 없었기 때문인 것이다.

지금까지 중국은 시장경제화 과정에서 끊임없이 시행착오와 보완을 되풀이해왔지만, 아직도 여전히 많은 제도적 공백과 모순을 갖고 있다. 이러한 제도적 불완전성으로 인해 부자들은 때때로 불법과 합법을 구분할 기준이 없는 상황에서 경영활동을 해야 했다.

중국정부도 어느 정도의 경제적 회색지대는 용인할 수밖에 없었다. 시장경제를 활성화시키기 위해서는 시장에서 자본주의적 경영을 주도할 경제인이 필요했기 때문이다. 제도적 틀이 불완전한 상황에서 지나치게 원칙주의에 입각해 규제할 경우 시장경제의 발전을 오히려 위축시킬 가능성이 있다고 우려한 것이다.

부자가 되려면 결단과 통찰력 이상이 필요

중국정부가 최근 평가한 '중국 부자집단의 형성 요인'을 봐도 부의 축적방법과 과정은 양면성을 갖는다. 2002년 당시 중국 국가통계국 부국장이자 저명한 경제학자였던 치우샤오화(邱曉華)는 개혁개방 이후 중국에서 부자집단이 형성된 요인을 역사적 상황과 결부시켜 9가지로 설명했다.

첫째, 기업청부(承包) 경영제도를 실시했을 때 리스크를 무릅쓰고 여기에 참가한 사람들이 먼저 부자의 대열에 들어섰다. 1980년대 주로 집체소유의 향진기업을 대상으로 실시된 청부제도는 기업경영을 개인에게 위탁하는 것을 말한다. 기업청부 경영자는 일반적으로 기업의 이윤에 대해 일정부분의 보너스를 받는다. 하지만 시간이 지나면서 향진기업은 명목상 소유권이 집체에 있지만 실제로는 청부 경영자가 소유하는 경우가 많아졌다. 중국 10대 사영기업인에 속하는 만향집단(萬向集團)의 총수 루관치우(魯冠球)가 청부경영을 통해 거부를 축적한 대표적인 경우다.

둘째, 국가가 각종 정책을 추진하면서 이를 촉진시키기 위해 방출한 지원금을 얻어낸 사람들이다.

셋째, 국가가 사영경제 발전을 장려하기 시작했을 때 먼저 공직을 버리고 시아하이(下海)한 사람들이다. 희망집단(希望集團)의 류용싱(劉永行) 형제가 이 경우에 해당한다.

넷째, 국가가 1980년대 중반과 후반 쌍궤제(雙軌制)를 실시했을 때 특혜를 받은 사람들이다. 쌍궤제는 계획경제 부문과 시장경제 부문이 공존함에 따라 계획경제 부문의 제품가격이 시장경제 부문보다 훨씬 낮아 이중적인 가격체제가 존재하는 것을 말한다. 당시 시장경제 부문은 한정된 생산능력으로 인한 공급부족으로 제품가격이 상대적으로 높았다. 쌍궤제 아래서는 계획경제 부문으로부터 생산재료와 중간재를 싼값으로 조달해 시장에 내다 팔 경우 폭리를 취할 수 있었다. 쌍궤제 덕분에 일부 특혜집단이 벌어들인 차액은 최소한 6,000억 위안에 달하는 것으로 추정된다.

다섯째, 1980년대 말에서 1990년대 초에 이르기까지 가장 먼저 증권시장에 눈을 뜬 주식투자자와 증권시장 종사자들이다. 초기 중국 증권시장은 제도적 공백과 결함으로 인해 작전세력이 날뛰어 엄청난 부당이득을 얻었다.

여섯째, 부동산에 투자한 사람들이다. 중국 부자의 상당수는 부동산투자를 통해 거부를 축적한 '토지귀족'이다.

일곱째, 수출입에서 국가가 배정한 기준물량이나 금액을 전매하거나 암거래함으로써 차액을 챙긴 사람들이다. 1990년대 후반 들어 관세를 대폭 인하하기 전까지 중국정부는 국내산업을 보호하기 위해 광범위한 품목에 대해 고율관세를 부과했다. 이때 중국정부는 일종의 수출입물량 할당제인 수출입 배액제(配額制)를 실시했다. 수출입 배액제하에서는 고율관세가 면제되는 일부 예외물량에 대한 수출입 권리를 특정업자나 기업에 분배한다. 여기서 자신에게 할당된 수출입물량에 대한 권리의 일부나 전부를 다른 업자에게 전매한 사람은 앉아서 거액을 벌 수 있었다.

여덟째, 영화배우나 스포츠 스타, 작가와 같은 특수직업 종사자 일부가 문화·스포츠산업의 시장화와 더불어 부자로 등장했다.

아홉째, 과학기술상의 연구성과를 산업화하거나 특허권을 판매함으로써 부를 축적한 사람들이다. 중국 내 지적 재산권 보호가 아직 열악하긴 하지만, 1990년대 후반부터 정보통신을 비롯한 첨단 기술 분야에서 신흥 부자들이 출현하기 시작했다.

이러한 역사적이고 제도적인 분석과는 달리 현재 시점에서 상대적으로 높은 이윤을 남기는 업종을 구체적으로 설명한 예도 있다.

초과이윤은 노력만으론 얻어지지 않는다

중국의 월간지 ≪공명(共鳴)≫은 2003년 1월호에서 '중국의 10대 폭리업종'(中國十大暴利行業)이란 글을 실어 국내적으로 큰 관심을 불러일으켰다. 이 글의 내용은 2003년 3월 개최된 전국정치협상회의(政協)에서도 토론대상이 됐을 정도로 상당한 반향을 일으켰다. 《공명》에 따르면 2002년 한 해 동안 중국에서 폭리를 얻은 10대 업종은 부동산, 출판, 제약, 고속도로 건설, 자동차 제조, 언론매체, 핸드폰 제조, 유학 중개, 항공운송, 중·고등학교 교육이었다.

우선 부동산업은 개혁개방 이후 20여 년간 최대의 폭리업종이었으며 어떤 업종보다도 많은 억만장자를 만들어냈다. 이윤을 높이기 위해 업자들이 분양가를 너무 올리는 바람에 전국적으로 팔리지 않은 건물의 면적은 1억 2,500만㎡를 넘어섰다. 이로 인해 회수하지 못한 투자금액은 2,500억 위안이 넘는 것으로 추산된다. 대부분의 건물은 아파트와 사무용 빌딩, 별장 등이었다. 건물 공실률이 높은 것은 공급과잉 때문이기도 하다. 부동산업자들이 토지를 담보로 은행에서 싼 이자로 돈을 빌려 수요를 고려하지 않고 건물을 마구잡이로 지은 것이다. 건물이 분양되지 않으면 은행도 대출금을 회수하기 어렵게 된다. 2003년 6월 인민은행이 4대 국유은행에 대해 부동산 대출규제를 실시한 것은 부동산 거품을 막고 은행 부실대출을 줄이기 위해서다.

출판업은 도매업자와 소매업자가 특히 폭리를 얻고 있는 것으로 지적됐다. 현재 중국에서 책값은 종이값과 인쇄비가 23~25%, 작가 원고료 8%, 출판사 이윤 15%, 도·소매업자 이윤 50~55%로 구성된다. 원래 국가가 규정한 도·소매업자의 이윤은 책값의 15%를 넘지 못한다. 하지만 실제로는 도·소매업자가 책값의 50% 이상을 가져감으로써 국가규정보다 3~4배나 더 많은 폭리를 취한다. 이것은 현재 중국의 서점이 구조적으로 과점시장을 형성하고 있고 시장에서 도·소매업자의 힘이 강하기 때문이다.

제약업은 판매가격을 생산비용보다 엄청나게 높이 책정함으로써 폭리를 취한다. 2002년 말 현재 중국 전체의 제약회사가 8,000여 개를 넘고 약품 도매업자가 1만 2,000개를 넘을 정도로 범람하는 것은 폭리가 주는 유혹 때문이다. 중국에서 약품에 가짜가 많은 것은 제약분야의 이러한 폭리와 직접적인 관계가 있다.

고속도로 건설은 전형적인 자본집약적 업종으로 건설비가 높고 예산도 일반적으로 많이 책정되기 때문에 업자들이 이윤을 남길 수 있는 여지가 많다. 고속도로 공사에서는 업자가 공사를 따내기 위해 거액의 뇌물을 쓰고도 많은 이익이 남는다.

자동차제조업 분야에서 중국의 이윤은 20~30%에 달해 세계평균이윤인 5%를 훨씬 초과한다. 2001년 말 세계무역기구(WTO)에 가입한 뒤 2002년부터 승용차 가격을 10~20% 내렸음에도 불구하고 여전히 이윤폭은 국제평균보다 높다.

언론매체는 일반적으로 행정권력에 의존한 반강제적 광고수주로 폭리를 취한다. 중국에서 신문이나 방송은 원칙적으로 중앙과 지방의 당기관이나 중앙정부와 지방정부의 각급 부처만 설립하고 운영할 수 있다. 하지만 상당수 언론매체는 이를 위탁 경영하는 민간업자들이 소유주와 같은 위치에 있다. 여기서 언론매체들은 광고효과와 관계없이 행정권력에 의존해 광고를 수주하고 이익을 취한다. 광고주들은 권력을 쥔 행정기관에 의해 불이익을 받을 것을 우려해 어쩔 수 없이 광고를 하는 경우가 많다.

핸드폰 제조는 제조원가를 지나치게 초과하는 판매가격을 통해 폭리를 취한다. '공명' 잡지에 따르면 2002년 11월 9일 기준으로

'노키아 8250' 모델의 경우 제조원가는 500위안에 못 미치지만 판매가격은 1,718위안에 달했다. 이와 함께 핸드폰 통화를 중계하는 이동통신은 발신자와 수신자 모두로부터 양방향에서 요금을 받음으로써 제도적인 폭리를 취한다.

유학 중개업종은 고객당 서비스비용이 100위안에 못 미침에도 불구하고 1만 위안 이상의 중개 알선비를 받아 엄청난 폭리를 취한다. 1990년대 후반부터 일기 시작한 중국인의 해외유학 붐을 이용한 폭리행위다.

항공수송업에서 중국 국내선 항공사는 중국인의 실질구매력을 고려할 때 단위거리당 이윤이 미국 항공사의 32배에 이르는 것으로 추산됐다. 결국 중국 국내선 승객은 미국 소비자의 32배를 내고 비행기를 타는 셈이다.

중·고등학교 교육에서는 주로 명문학교들이 비공식적으로 거액의 입학비를 받아 폭리를 얻는다. 2002년 랴오닝성 선양(沈陽)의 한 중학교에서는 학생 1명당 입학비로 5만 위안에 가까운 돈을 받았다. '한 부부 한 아이 낳기'(一胎化) 정책으로 부모의 자녀사랑이 맹목적일 정도로 지나친 수준에 달한 상황이 교육폭리에 한 원인을 제공한다.

초과이윤의 배후에 숨어 있는 정치경제학

'공명' 잡지의 이러한 지적에 대해서는 해당 각 업종의 협회나 종사자들이 사실과 다르다며 크게 반발하기도 했다. 하지만 인터넷상에서 찬반 양론이 적지 않았다는 점에서 '공명' 잡지의 지적은 어느 정도 현실성을 띤다고 봐야 한다.

'공명' 잡지가 지적한 10개 업종의 특징은 제도적 공백과 부실을 이용하는 행위나 뇌물과 같은 불법행위, 반강제적인 광고수주 행위 등이 폭리의 주요 매개체 역할을 한다는 것이다. 아울러 출판업에서 보이듯이 왜곡된 시장구조와 이에 따른 관행적 법규위반도 부당이득의 중요한 요인이 된다. 폭리의 가장 직접적인 피해자가 소비자란 점에서 중국경제는 소비대중의 부를 갹출해 기업의 자본축적을 돕는 기형적인 구조를 가지고 있다고 할 수 있다.

이러한 기형적인 경제구조는 중국경제에 고질적인 내수부족을 심화시키고 건전한 자본축적을 저해하는 해악을 낳는다. 중국정부가 경제의 외적 성장뿐 아니라 공정한 경쟁의 법칙이 작용하는 경제제도를 정착시키기 위해 노력하는 이유도 여기에 있다.

2. 경제발전의 관건은 제도

국가나 국민의 부를 결정하는 핵심요소는 무엇일까. 국토의 넓이와 각종 지하자원, 지상자원, 인적 자원, 문화적 자원과 같은 유형적 자원이 국부를 결정하는 주된 요인일까?

중국을 말할 때 흔히 지대물박(地大物博)이라고 한다. "땅은 넓고 물자는 풍부하다"는 뜻이다. 하지만 2002년 중국의 1인당 국내총생산(GDP)은 명목가치로 800달러에 불과했다. 물가수준을 고려한 실질구매력 가치로 계산한다 해도 4,600달러에 불과하다.

이에 비해 중국과 자원량에서 비교가 되지 않는 일본의 2002년 1인당 GDP는 2만 8,000달러에 달했다. 국토넓이와 인구로 보아 도시국가에 불과한 싱가포르의 1인당 GDP는 2만 4,700달러였다. 이러한 사실은 곧 유형적 자원의 양이 국부를 창출하는 결정적 요소가 아니라는 것을 시사한다. 중국과 비슷한 국토면적과 자원을 가진 미국의 2002년 1인당 국민소득이 3만 6,300달러라는 사실에서도 이것은 잘 드러난다.

일본과 싱가포르가 자원의 한계에도 불구하고 부의 수준이 높은 것은 부를 창출할 수 있는 제도적 메커니즘이 잘 정비돼 있기 때문이다. 미국이 중국에 비해 압도적인 부를 갖게 된 것도 공정경쟁을 보장하는 제도적 틀을 비롯해서 기술개발이나 창업을 지원하는 금융제도가 발달해 있기 때문이다.

중국의 개혁개방 경험으로 보아도 제도의 중요성을 쉽게 알 수 있다. 개혁개방 이전의 계획경제를 시장경제체제로 제도를 바꾸고, 경제주체인 인민의 자율성과 적극성을 이념의 굴레로부터 해방시키자 생산성이 급격히 높아졌다. 이런 점에서 한 국가의 제도적 틀은 부를 창출하는 데 유형적 자원 이상의 가치를 지닌 무형적 자산이라고 할 수 있다.

제도건설은 피할 수 없는 과제

공정한 게임의 룰을 의미하는 제도는 경제행위자들의 예측 가능성을 높여줌으로써 사회적 거래비용을 최소화하는 기능을 한다. 제도는 이와 함께 권력과 경제의 유착이나 부패를 막아 통치비용을 줄이는 역할도 한다. 이에 따라 중국 경제전문가들은 제도적 틀을 조속히 건설하는 것이 경제발전을 위한 가장 큰 과제라고 주장한다. 실제로 중국정부도 경제운용을 제도화하기 위해 다양하게 노력하고 있다.

하지만 제도는 선진국을 무조건 모방한다고 해서 제대로 작동하는 것은 아니다. 특정한 제도는 제도가 작동하는 정치·경제·사회적 환경과 별개로 존재하는 것이 아니기 때문이다. 부동산 건설업을 한 예로 들 수 있다. 중국에 부동산 거부가 특히 많은 것처럼 홍콩에서도 상위 10대 부호는 거의가 부동산을 주요업종으로 해서 성장했다. 그럼에도 불구하고 홍콩의 부동산 부호들은 불법적인 토지점용이나 탈법적인 은행대출을 통해 부를 축적한 사례가 거의 없다. 이것은 홍콩이 150년에 이르는 영국의 식민지 지배하에서 오랜 기간 영국식 제도를 학습했기 때문이다. 아울러 영국 식민지배 당국이 제도의 상황을 감시하고 제도를 강제할 수 있는 공정한 행정적·사법적 메커니즘을 만들어 실시했기 때문이기도 하다. 홍콩이 세계에서 가장 경제자유도가 높은 지역의 하나로 평가받는 것은 이와 무관치 않다. 어떤 점에서 현재 홍콩이 갖고 있는 우수한 경제제도는 중국인의 발명품이 아니라 영국인의 작품이다.

중국과 홍콩에서 공통적으로 부동산 거부가 많은 것은 중국이 개혁개방 이후 홍콩의 토지제도를 차용한 것과 관련이 있다. 홍콩은 과거 영국 지배 시기부터 토지를 실제로 점용하는 사람이나 기업에 소유권을 주는 것이 아니라 일정기간의 사용권만 부여했다. 홍콩의 대부분을 차지하는 신지에(新界)지역은 영국이 중국으로부터 99년간 조차한 데 불과해 법적으로 소유권을 행사할 수 없었기 때문이다. 이러한 상황에서 홍콩정부는 토지의 총체적인 관리자로서 사용권을 분배하는 역할만 했다.

중국도 개혁개방 이후 토지를 시장에 내놓을 때 소유권은 국가가 갖고 민간에게는 일정기간의 사용권만 임대하는 형식을 취했다. 생산수단의 공유개념을 규정하고 있는 사회주의이념을 완전히 버릴 수는 없었기 때문이다. 이때 민간에 불하된 토지는 사용권이 최대 70년인 데다 연장이 가능하기 때문에 사실상 사유재산이나 다름이 없다.

국유토지를 불하 또는 임대하는 역할은 중앙정부가 각급 지방정부에 위임하고 있다. 정부가 소비자에게 토지의 사용권만 매각하는 이러한 형태를 토지비조(土地批租) 모델이라 부른다. 이것은 정부가 토지를 도매로 임대한다는 의미다. 이에 따르면 부동산 건설업자가 지방정부로부터 건설부지를 매입한다는 것은 곧 소유권이 아니라 일정기간에 걸친 토지사용권을 매입하는 것이다.

사용권을 도매로 매입한 부동산업자는 토지에 건물을 지어 부가가치를 높인 뒤 다시 개인에게 소매로 판매한다. 이때 집을 사는 소비자도 역시 주택의 소유권이 아니라 사용권을 매입하게 된다. 그러나 사용자가 주택을 임의로 매매할 수 있기 때문에 실질적으로는 사용권과 소유권 사이에는 차이가 없다.

토지비조 모델에서 가장 문제가 되는 것은 가격산정이다. 이론적으로 정부의 사용권 매각가격은 매입자가 70년 동안 특정 토지를 사용함으로써 얻을 수 있는 잠재적 수익의 합계가 된다. 하지만 70년 동안 얻을 수 있는 잠재적 수익의 합계를 구하는 것은 변수가 너무 많아 사실상 불가능하다. 여기에서 토지사용권 매각가격(불하가격) 책정을 둘러싸고 정부와 부동산업자 간에 갖가지 편법이 생겨나게 된다.

중국의 거부가 부동산 재벌인 속사정

정부와 꽌시가 좋은 사람은 이를 이용해 좀더 싼 값에 토지를 구할 수 있다. 경제발전을 최우선 목표로 하는 지방정부는 토지를 무상으로 제공하거나 매입비용 납부기간을 수익이 날 때까지 몇 년간 유예해주기도 한다.

토지에서 얻을 수 있는 가능한 수익의 합계는 토지의 위치와 함께 도시계획이나 각종 사회간접시설의 영향을 크게 받는다. 예를 들어 아파트 신설지역 주변에 넓은 도로가 건설되거나 공원이 생기면 값은 크게 높아지게 된다. 중국에서도 상당수 지방도시에서는 아파트 분양가가 ㎡당 2,000위안에 불과하지만 상하이나 베이징 같은 대도시에서는 1만 위안이 넘는다. 상하이 안에서도 같은 수준의 아파트가 위치에 따라 가격이 몇 배씩 차이가 난다.

중국처럼 경제가 급속히 성장하는 나라에서는 정부가 도로나 공공시설과 같은 사회간접시설에 거액을 투자한다. 정부투자 덕분에 부동산가격이 크게 높아지는 셈이다. 이런 점에서 부동산 건설업자는 정부의 공공투자, 다시 말해 국민의 세금으로 엄청난 시세차익을 얻게 된다. 중국의 거대 부동산업자들이 대도시의 황금지대를 선점 개발함으로써 거부를 축적한 것은 이러한 배경 때문이다.

업자가 부동산을 개발하기 위해서는 정부로부터 땅을 매입하고, 나아가 이 토지에 건물을 지을 수 있는 투자자본이 있어야 한다. 중국처럼 시장경제의 역사가 짧아 사영기업가의 자본력이 약한 상황에서는 투자자본을 은행에서 빌릴 수밖에 없다. 자본력과 담보력이 없는 사영기업인은 은행 쪽에서 볼 때 당연히 대출 리스크가 클 수밖에 없다. 이런 상황에서 기업인이 거액을 대출받기 위해서는 은행의 대출 결정권자와 관계가 좋아야 한다. 은행과 직접적인 팬시가 없는 업자는 은행 대출권자에게 영향력을 행사할 수 있는 정부 권력자와 관계가 좋아야 한다.

중국에서 성공한 부동산업자가 대부분 은행이나 지방정부 관리와 친밀한 관계를 유지하는 것은 바로 이 때문이다. 결국 중국의 부동산 거부들은 국유재산인 토지와 국민들이 저축한 은행예금을 이용해 교묘히 돈을 번 경우가 많다는 결론이 나온다. 국가소유인 토지가 부당하게 낮은 가격으로 불하된다는 사실은 곧 국유재산이 유실된다는 것을 의미한다. 토지불하 과정에서 지방정부의 실력자가 특별한 관계에 있는 업자에게 일반적인 가격보다 훨씬 낮게 토지를 제공한 사례는 매우 많다.

중국의 부동산 붐은 은행에도 매우 큰 위험을 초래한다. 급속한 개발붐에 편승해 은행돈을 끌어다 부동산을 건설하다보니 분양되지 않은 건물이 엄청나게 누적되기 때문이다. 미분양은 개발업자의 투자금 회수를 지연시켜 파산에 이르게 할 수 있다. 개발업자가 파산할 경우 은행 대출금은 회수가 어려워 부실대출로 전락되기 마련이다.

'중국 경영보'에 따르면 2003년 4월 말까지 중국의 각종 상업은행이 부동산 분야에 대출한 여신총액은 1조 8,357억 위안(약 276조 원)에 달했다. 이것은 중국의 각급 상업은행이 갖고 있는 총 예금잔액의 6분의 1에 해당하는 규모다. 중국 인민은행이 6월 13일 부동산 신용대출을 엄격히 제한하는 새 규정을 발표한 것은 부동산 과열에 따른 은행의 위험을 줄이기 위해서다. 은행대출을 통제함으로써 부동산 거품을 막고 동시에 은행의 부실 위험성을 낮추겠다는 것이다.

이 규정이 제대로 시행될 경우 3만여 개에 달하는 중국의 부동산 개발회사 중 절반이 도산할 것으로 전망된다. 중국 부동산 개발붐이 얼마나 허약한 기초 위에 서 있는지 짐작할 수 있게 하는 대목이다. 이러한 문제점에 대응해 중국정부는 2003년 10월부터 최고검찰부를 중심으로 불법적인 토지점용에 대해 일제조사를 벌이기로 했다. 권력을 이용해 토지사용권을 특혜 불하했거나, 관련규정을 지키지 않고 불하된 토지에 대해 전국적인 조사를 벌인다는 것이다.

중국 국무원은 2001년 토지사용권 불하와 관련해서 상업용도의 토지에 대해서는 반드시 입찰방식에 의하도록 규정했다. 이에 의거해 국토자원부는 2002년 상업용도 토지의 입찰경매와 관련한 세부규정을 발표했다.

문제는 지방정부들이 이러한 규정을 따르지 않는다는 데 있다. 지난해 말까지 전국에서 입찰을 통해 불하된 토지는 전체의 15%에 불과한 것으로 나타났다. 지난 한 해만 해도 불법이나 편법의 방법으로 불하된 토지가 전국적으로 11만 1,400건에 달했다. 이와 관련된 토지면적은 2만 8,411ha로 집계됐다.

사영기업에 발전의 도약대를 제공하라

토지와 함께 중국정부가 제도화를 위해 노력하는 대표적인 분야가 금융영역이다. 투자와 융자제도를 시장 메커니즘에 맞도록 개혁하겠다는 것이다. 지금까지 중국의 금융은 증권시장과 채권시장이 발달하지 않아 은행대출이 압도적인 역할을 했다.

중국에서 은행은 4대 국유 상업은행과 민간이 주도하는 주식제 민간은행으로 형태가 크게 구분된다. 4대 국유 상업은행은 중국은행(中國銀行), 공상은행(工商銀行), 건설은행(建設銀行), 농업은행(農業銀行)으로 전적으로 정부의 통제를 받는다. 이들 4대 국유 상업은행은 중국 전체 민간예금의 80% 이상을 흡수하고 있고, 전체 대출액의 60% 이상을 차지하고 있다. 민생은행(民生銀行)이나 포동발전은행(浦東發展銀行)과 같은 주식제 민간은행은 비록 소유주체가 민간이긴 하지만 중앙은행인 인민은행(人民銀行)의 엄격한 통제를 받는다.

중국에서 지금까지 정부가 투자자금을 분배하는 정책금융이 일반적이었던 것은 이처럼 은행이 정부의 직접적인 통제 아래 있었기 때문이다. 하지만 정책금융은 수요와 공급에 따른 시장의 자율적인 자금분배를 막아 투자의 효율성을 크게 떨어뜨렸다. 은행을 중심으로 한 정부의 이러한 정책금융은 자본시장을 왜곡시켰다. 자금이 효율성이 높은 사영기업으로 향하는 것이 아니라 비효율적인 국유기업에 일방적으로 유리하게 분배됐기 때문이다. 왜곡된 자본시장은 사영기업의 성장을 저해했다. 이것은 중국 굴지의 사영기업들이 국제적으로 차지하는 낮은 위치에서 잘 드러난다.

중국과 인도의 민간기업을 비교해보자. 인도의 전체 경제규모는 중국의 절반 수준이다. 경제성장률도 인도는 과거 10년간 연평균 6% 정도였는데 비해 중국은 9%대의 고도성장을 유지했다. 그럼에도 불구하고 중국의 사영기업 규모는 인도에 비교가 되지 않을 정도로 왜소하다.

중국 최대 사영기업인 희망집단(希望集團)의 1999년 연간 총매출액은 약 6억 달러였다. 반면 인도의 최대 민간기업인 타타그룹(Tata Group)은 1995년 이미 희망집단의 12배인 72억 달러의 매출을 기록했다. 또 한 예로 제약분야를 보자. 중국의 제약시장 규모는 인도의 3배에 이른다. 하지만 중국 제약업체의 매출규모는 인도에 비교가 되지 않는다. 인도 최대 제약업체인 란백시(Ranbaxy)의 1995년 매출액은 22억 7,000만 달러였다. 그러나 중국의 최대 제약업체인 삼구집단(三九集團)의 매출액은 1999년 6억 7,000만 달러에 불과했다.

중국 사영기업의 국제적 위치가 낮은 것은 경제제도상의 문제, 특히 금융제도의 결함에 기인한다. 사영기업의 자본시장 진입이 제한돼 자본운용을 통해 규모를 확대할 기회가 차단돼 있는 것이다. 자본의 소유권 유통이 제약된 것도 문제로 지적된다. 사영기업이 증시를 비롯한 자본시장에 진입했다 하더라도 대상 기업의 소유권을 가져오기 어려워 인수합병(M&A) 전략을 제대로 활용할 수 없다. 선진국에서 증시를 통한 M&A는 불량기업을 도태시키고 우량기업이 규모를 확장할 수 있는 주요 채널이다.

이런 점에서 금융구조 개혁은 중국이 당면한 가장 큰 난제라 해도 과언이 아니다. 기업 투자에 숨통을 터주기 위해서는 무엇보다 국가가 쥐고 있는 자금 분배권을 대폭 시장으로 이양해야 한다. 시장기능을 활성화하기 위해서는 기업경영의 투명성을 높이고, 기업경영을 평가할 회계기관의 역량을 강화해야 한다. 은행도 자체적인 리스크 판단을 통해 기업에 대출할 수 있도록 자율적인 대출심사 기능을 강화해야 한다. 아울러 주식시장과 채권시장을 비롯한 자금조달 통로를 다양화해야 한다.

중국에서 민간투자가 부족한 것은 민간자본이 부족해서가 아니라 자금이 투자될 통로가 막혀 있기 때문인 것으로 분석된다. 전문가들은 2002년 말 현재 투자처를 찾지 못해 휴면하고 있는 민간자본을 최소 12조 위안으로 추산했다.

민간자금이 시장으로 유입되도록 하기 위해서는 투자자금을 쉽게 회수할 수 있게 하는 메커니즘을 제공해야 한다. 자금회수가 어렵다면 투자효율이 높다 해도 투자자들이 쉽게 자금을 내놓으려 하지 않을 것이기 때문이다. 하지만 금융제도가 취약하고 시장질서가 어지러운 상황에서 정부가 일방적으로 금융권을 포기하는 것은 더 큰 문제를 낳을 수도 있다.

중국의 금융제도 건설은 정부의 금융통제권 이양과 자율적인 시장질서 정착과정이 상호 보완적으로 발전해야 하기 때문에 급속히 이뤄지기는 어렵다. 금융제도 건설이 지체될수록 중국경제의 동력 역할을 하는 사영기업이 정상적인 발전궤도에 오르는 것은 그만큼 늦어지게 된다.

3. 국제기준 맞추기 범국가 운동

　2001년 12월 11일 세계무역조직(世界貿易組織), 즉 세계무역기구 (WTO) 가입 이후 중국사회에서 가장 유행하는 키워드는 국제접궤 (國際接軌)일 것이다. 국제접궤는 국제적 기준에 중국의 제도와 중국인의 사고방식을 맞추려는 일종의 세계화 또는 국제화운동을 의미한다.

　최근 중국의 국제접궤 운동은 중앙정부에서 지방정부, 기업에 이르기까지 생존과 발전을 위해 필수적인 지향점으로 추진되고 있다. 국가발전을 위해서는 과거 5,000년간 중국이 세계의 중심이라며 굳건히 지켜왔던 중화(中華)의 자존심까지 접어둘 수 있다는 강력한 의지가 엿보인다.

　이 운동은 경제·사회제도의 국제화와 동시에 국민의식의 국제화를 추구한다. 이 운동의 배경에는 물론 중국정부의 의도가 숨어 있다. 선진국의 경제질서를 모델로 제시함으로써 국내의 전근대적 관행을 개혁하기 위한 외부적 압력요인으로 활용하려는 계산이다. 개혁개방 초기 개혁파들이 지방의 개혁 분위기를 이용해 중앙의 보수파를 눌렀듯이, 이번에는 국제기준을 끌어와 중국의 제도를 혁신하려는 것이다.

국제접궤 운동에는 중국정부가 21세기의 새로운 경제발전 동력으로 중시하는 정보산업(信息産業)이 빠질 수 없다. ≪21세기 경제보도≫는 2003년 6월 3일 신식산업부와 인사부가 공동으로 IT인력 육성 및 IT인력 자격인정을 위한 국가표준 제정작업에 착수했다고 보도했다.

구체적 실행방안의 하나는 '국가신식화 공정사고시'(國家信息化工程師考試) 제도 도입계획이다. 이 제도는 정부가 주관하는 특정시험에 합격한 IT인력에게만 자격을 부여한다는 것이다. 정부는 인재에 대한 국가표준 제도도입으로 두 가지 효과를 얻을 수 있을 것으로 기대한다. 첫째, 무질서하게 난립한 IT 교육기관을 규범화해 교육과 인력의 전반적인 수준을 높일 수 있다. 둘째, 장차 외국이나 외국기업과 IT인력 국가표준에 대한 상호 인정체계를 만들어 인력의 국제화를 이룰 수 있다.

중국 대학의 국제협력 수준은 한국을 훨씬 능가

교육의 국제화는 대학원 교육과 영어 교육수준 향상노력에서 잘 나타난다. 2002년 9월 12일 ≪중국청년보≫는 상하이 동제대학(同濟大學)이 본교와 외국 대학의 석사학위를 동시에 받을 수 있도록 외국 대학과 협약을 체결했다고 보도했다. 프랑스의 파리공정관리학원과 협력해 교통, 환경, 정보기술 분야에서 동제대학 석사과정 학생들이 파리에서 학위를 받을 수 있도록 한 것이다. 협약에 따르면 동제대학 학생들은 우선 본교에서 석사과정 1년을 거친 뒤 프랑스에서 2년째 과정을 마치고 파리공정관리학원의 석사학위를 받는다. 그런 다음 다시 귀국해 3년째 과정을 끝내고 논문이 통과되면 본교의 석사학위도 받게 된다. 두 학교는 또 파리 체류기간에 중국 학생들이 관련분야의 다국적기업에서 5~6개월간 실습연구도 할 수 있도록 했다.

학생들의 영어 수준을 국제적 수준으로 높이려는 노력은 국가적 차원에서 진행중이다. 2002년 4월 16일 《중국신문사》는 학생들의 영어 수준을 국제화하기 위해 교육부가 추진해온 '국가 영어과정 표준'제도가 실험단계에 들어갔다고 보도했다. 이 제도의 골간은 초·중·고교생의 영어 학습수준을 전국적으로 통일된 기준에 따르게 하되, 고등학교 졸업 때 영어실력이 현재의 대학생 중상급 수준에 도달하도록 한다는 계획이다.

교육부가 전문가 집단을 구성해 만들고 있는 '국가 영어과정 표준'의 눈높이는 영어가 비모국어인 서방국가나 홍콩의 영어교육 수준에 맞추고 있다. 이에 따르면 초등학교에서 고등학교 졸업까지 학생들의 영어실력 수준을 9등급으로 나눈다. 그런 다음 농촌과 도시에 약간의 차등을 두지만 대체로 초등학교 졸업생은 3~4등급, 중학교 졸업생은 5등급, 고등학교 졸업생은 최소한 7등급에 달하도록 교육할 계획이다. 대학에 진학하려는 고교 졸업생은 8등급에 달해야 하고 어휘수도 현재 2,000개의 두 배인 3,500~4,000개를 알아야 한다. 외국어 대학에 진학하려는 학생은 9등급이 요구되며, 입학 후 영어로 전공수업을 들을 수 있어야 한다. 실험단계에서 일부 고등학교의 영어교육은 학생의 선택에 따라 대학 진학형과 취업형을 구분해서 실시한다. 취업형 영어교육은 고교 졸업 뒤 외국인을 위한 여행가이드와 호텔 서비스, 초등학생을 위한 영어교육이 가능하도록 수준을 정했다.

이를 위해서는 교사의 능력을 높이고 교재와 교수법을 전면 개혁하는 것이 필수적이다. ≪중국청년보≫에 따르면 베이징의 청화부중(靑華附中)을 비롯한 일부 명문 중·고등학교는 외국 학교와 협력해 영어교재와 교수법을 개발하기로 했다. 영어교사의 해외연수도 실시할 계획이다. 상하이에서는 중학교 이상의 공립학교를 대상으로 학생에 의한 교사 평가제도를 실시하기 시작했다. 이 제도에 따라 학생들은 학기말 교사들의 교수태도, 교수능력, 성실도 등에 대해 평점을 매긴다. 평가결과는 교육당국이 교사들을 평가하는 참고자료로 활용된다.

사회를 업그레이드하는 전방위적 국제화 운동

농산물 경매에도 전자경매(電子拍賣) 제도가 도입됐다. 2003년 5월 26일 신화통신은 중국 최대의 채소류 도매시장(批發市場)인 산둥성 소우광(壽光) 야채 도매시장에서 이날부터 전자경매가 시작됐다고 보도했다. 이 통신은 전자경매 실시에 따라 돈과 상품을 현장에서 맞교환하는 전통적인 대면교역(面對面交易) 방식이 바뀌게 됐다고 설명했다.

농산물 전자경매 제도는 생산에서 소비에 이르는 중간과정을 대폭 단축함으로써 중간상인(中間商)의 폭리를 막고 가격을 낮출 수 있는 장점이 있다. 현재 중국의 농산물 유통은 생산자→산지 도매시장→소비지 도매시장→소매시장→소비자의 경로를 밟는다. 하지만 이 과정에 많은 중간상인이 개입해 유통속도가 늦어지고 가격이 더욱 높아진다. 전자경매는 산지 도매시장과 소비지 도매시장을 직접 연결해 유통속도를 빠르게 함으로써 농산물의 신선도 보존에도 긍정적 역할을 할 전망이다.

공산품의 환경표준(環保標準)도 유럽연합(EU)식을 채용해 국제수준에 맞추기 시작했다. 베이징은 2004년 1월 1일부터 자동차 배기가스 배출(尾氣排放) 표준을 '유럽 1호'에서 '유럽 2호'로 강화하기로 했다. 올림픽이 개최되는 2008년부터는 '유럽 3호'로 더욱 강화된다. 세계 최악의 수준인 베이징의 대기환경을 고려한 이 조치는 중국의 자동차업계에도 큰 영향을 미칠 전망이다. 저가와 저품질에 의존하는 업체들의 도태가 불가피하다. 특히 환경기준을 충족하기 어려운 대부분의 중고부품 조립공장과 부품공급 업체들은 생존의 위기에 놓이게 된다. 2002년 6월 18일 《중국신문사》는 국제수준에 맞춘 환경기준이 자동차산업의 현대적인 구조개편과 함께 엄청난 투자기회를 제공할 것으로 전망했다.

국제기준 맞추기 운동은 WTO 가입으로 가열되고 있는 국제적 경쟁에서 살아남기 위한 생존전략 차원에서 진행되는 측면이 강하다. 한 예가 대형 복합상영관(多廳電影城)으로 변신을 서두르고 있는 베이징의 수도극장(首都電影院)이다. 수도극장은 WTO 가입에 따른 문화개방으로 해외의 대규모 합자 영화관이 진출할 것에 대비해 베이징 시내에 5개 연쇄점을 가진 복합상영관을 건설할 계획이다. 현재 수도극장은 상영관 3개에 총 700석 규모다. 2002년 3월 11일 《중국신문사》는 수도극장이 국내외 자본을 유치해 상영관 12~16개에 2,400석을 가진 대형 극장으로 확대될 것이라고 보도했다.

국제접궤 노력은 비즈니스의 편의를 위한 각종 제도정비에서 두드러진다. 제도적 환경은 하드웨어 설비에 대비되는 개념의 소프트웨어 환경이란 의미로 연환경(軟環境)으로 불린다. 제도적 환경의 예를 보자. 2003년 1월 27일 ≪중국신문사≫는 상하이 시정부가 상하이항의 물류속도를 높이기 위해 항구 관리체계를 개혁했다고 보도했다. 상하이시의 항구 관리원칙은 중복부문을 일원화한 일항일정(一港一政) 및 정치와 기업의 분리(政企分開)로 요약된다. 상하이시는 이를 위해 항구관리국과 국제항무유한공사를 각각 발족시켰다. 항구관리국은 항구와 항운관리에 대한 상하이 시정부의 모든 직무를 통일적으로 담당한다. 국제항무유한공사는 항구 경영자의 자격으로 운영과 관련된 모든 업무를 맡는다.

상하이항은 앞서 2002년 말 항구업무 효율증대 운동을 통해 수입화물 세관신고 시간을 15분으로 단축했다. 완제품 수출통관은 서류 없는 통관(無紙通關) 방식을 통해 50분으로 앞당겼다. 변경수속 시간은 3일에서 2시간으로 줄였고, 수입화물의 통관시간은 17시간에서 4.8시간으로 단축했다. 상하이항의 2002년 화물 처리량은 2억 6,000만 톤으로 세계 3위였으며 컨테이너 물량은 세계 4위였다. 물류혁명을 통해 상하이와 주변지역의 경제발전을 앞당긴다는 것이 상하이항의 목표다.

국제수준에 맞춰 중국의 수준을 끌어올리기 위해서는 외국 두뇌를 빌어오는 것도 주저하지 않는다. 2002년 8월 22일 ≪중국신문사≫는 중국증권등기결산공사가 호주의 컴퓨터셰어(Computershare)사를 초청해 증권 등기·결산업무와 관련된 리스크 관리에 대해 자문을 받기 시작했다고 보도했다.

그러나 경제제도의 국제화 속도는 전반적인 경제적 토양과 동떨어져 진행되기 어렵다. 국제화 노력에도 불구하고 기업 회계제도가 쉽게 개선되지 않는 이유가 여기에 있다. 중국기업의 회계는 국유기업에서 특히 낙후된 것으로 평가된다. 수익과 손실이 국가로 귀속되기 때문에 경영진이 회계의 중요성을 절감하지 못하는 것이다. 홍콩 증시에 상장된 중국기업들이 회계문제로 곤욕을 겪는 것은 기업회계가 국제수준에 크게 뒤떨어져 있다는 것을 시사한다.

변호사(律師) 수준도 개선대상이다. 2002년 12월 12일 ≪중국신문사≫에 따르면 충칭시의 변호사 3,000여 명 중 외국어로 외국투자기업의 업무를 대리할 능력을 갖춘 사람은 30명에 불과하다. 아울러 공증사무소(公證處) 40개 중 외국어를 사용해 외국인 공증업무를 할 수 있는 곳도 20곳에 그쳤다. 중국정부는 WTO 가입에 따라 국제법규에 정통하고 외국어에 능한 변호사 집단을 육성하기 위해 노력을 기울이고 있다. 베이징은 국제화의 일환으로 심지어 변호사의 법정 변호복장까지 통일적으로 만들어 2003년부터 의무적으로 착용하도록 했다.

중국 특색의 국제화는 가능할까

국제접궤 운동의 맹목성에 대한 우려도 강하다. 2002년 8월 12일자 ≪인민일보≫는 평론을 통해 국제관례가 국내에서 생명력을 갖기 위해서는 중국의 법률에 부합돼야 할 뿐 아니라 중국의 국가발전 단계에도 적합해야 한다고 강조했다. 중국의 경제발전 수준이나 소비습관, 문화전통을 무시한 무조건적인 국제화는 오히려 혼돈과 비효율을 초래할 수 있다는 지적이다.

이와 함께 경제발전 정책이 전반적인 사회상황과 연계되지 못해 기형적인 성장을 초래한다는 우려도 많다. 대표적인 예가 중국의 가장 활발한 성장부문 중 하나인 자동차산업이다.

중국의 자동차산업은 1953년 7월 15일 첫 국산 자동차 생산공장을 건설하기 시작해 2003년 7월 15일로 반세기를 맞았다. 하지만 자동차산업의 본격적인 발전은 1980년대 들어 중국 소비시장을 겨냥한 외국 대형 자동차회사들이 들어오면서 시작됐다. 중국의 연간 자동차 생산량은 1992년 처음으로 100만 대를 돌파했다. 이어 2000년 200만 대를 초과해 세계 8대 자동차 생산국이 됐고, 2002년 다시 300만 대를 넘어섰다.

하지만 중국의 눈부신 자동차산업 발전은 매우 취약한 기반 위에서 이루어지는 측면이 강하다. 2003년 7월 16일 국무원 발전연구중심의 전문가는 중국의 자동차산업이 5가지 도전을 맞고 있다고 우려했다.

첫째, 도시구조의 취약성이다. 자동차 수가 급속히 늘어남에도 불구하고 도로건설이 이를 따라가지 못해 대도시에는 이미 교통체증 현상이 상당한 문제로 등장했다. 도시인구의 집약성을 고려하면 앞으로 주차공간 확보도 심각한 문제로 대두될 전망이다. 교통망 확충이 지체되면 자동차가 늘어날수록 체증으로 인한 물류비용도 늘어날 수밖에 없다.

둘째, 에너지 문제다. 중국은 1993년부터 석유를 순수입하고 있다. 국내 석유매장량이 적어 2010년이면 소비량의 20% 이상을 수입에 의존해야 할 것으로 전망된다. 유가상승과 에너지 안보문제가 자동차산업의 지속적인 발전에 발목을 잡을 가능성이 있다.

셋째, 자동차산업의 세계적인 분업체제 속에서 중국이 차지하는 위치가 매우 취약하다. 자동차산업에서는 완성차 조립보다 부품생산 능력이 점점 중요해지고 있다. 그럼에도 불구하고 중국은 기업체제와 관리체제의 문제로 인해 부품생산 능력이 매우 낙후돼 있다. 생산비용이 상대적으로 높고 품질이 떨어져 세계적 분업체제에서 매우 불리한 위치에 처한 것이다.

넷째, 중복건설(重複建設)이 심각하다. 성 단위의 각 지방정부들이 전망만 보고 너나없이 자동차산업을 주력산업으로 육성하고 있다는 것이다. 전망이 밝은 산업분야에 신규 진입자들이 많은 것은 시장경제의 정상적인 현상이라고 할 수 있다. 하지만 중국에서는 신규진입이 시장원리에 따라 이뤄지는 것이 아니라 지방정부의 행정적 결정에 의해 이뤄진다는 점에서 문제가 심각하다. 중복건설에 의한 전반적 과잉투자는 비효율과 낭비를 초래하게 된다. 앞으로 세계 자동차업계의 판도는 5~6개의 초대형 메이커 위주로 재편될 것이란 전망이 지배적이다. 이런 상황에서 중국의 중복투자는 상당한 후유증을 낳을 가능성이 크다.

다섯째, 자동차 판매시장에 행정적 독점이 개입한다는 사실이다. 각 지방정부는 역내 업체를 보호하기 위해 외지에서 생산되는 자동차에 과도한 세금을 부과하는 예가 빈번하다. 이기주의에 기반을 둔 이러한 배타적 지방주의는 시장 메커니즘의 정상적 운행을 막아 자동차산업의 전반적인 발전을 저해하게 된다.

이러한 점은 국제화 노력에도 불구하고 중국이 정치·사회·경제제도 면에서 아직 갈 길이 멀다는 것을 시사한다. 하지만 국제접궤 운동은 중국정부가 모색해온 '후발자의 유리함'(後發優勢)을 극대화하려는 의지의 표현이란 점에서 의미를 갖는다. 후발자의 유리함은 오랜 경제발전을 거친 선진국의 성공과 실패의 경험을 참고함으로써 중국의 실패를 최소화할 수 있다는 것이다. 비교적 저수준의 경제단계에서 선진국의 표준을 도입하려는 중국의 국제접궤 운동은 한층 내실있는 압축성장을 이루려는 노력이다.

새로운 부의 대표자 중산층

중산층이 서야 경제가 선다

중국에서 중산층은 전혀 새로운 사회적 집단이다. 중산층은 20여 년에 걸친 개혁개방 과정에서 뒤늦게 출현했다. 경제가 비교적 성숙단계로 진입하면서 비로소 중산층이 나올 수 있는 토대가 형성됐기 때문이다. 신흥집단인 만큼 중국 중산층의 연령은 기본적으로 40대 이하에 속한다.

이들은 개혁개방 이후의 시장화과정에 민첩하게 참여해 벼락부자가 된 사람들과는 성격이 다르다. 중산층은 높은 교육수준과 안정적인 소비능력을 특징으로 한다. 따라서 중산층은 앞으로 중국경제의 토대를 강화할 수 있는 가장 중요한 집단이다. 중국이 세계적인 소비시장으로 주목받는 데도 이들의 소비성향과 소비능력이 큰 몫을 했다.

중국의 중산층은 사회적으로 상향이동의 가능성이 큰

집단이다. 중국경제가 역동적이고 팽창하는 과정에 있기 때문에 이들에게 열려진 공간도 그만큼 넓은 것이다. 이들의 상향이동 의지도 매우 강하다. 이들은 강도 높은 스트레스를 견디며 발전을 추구한다. 실제로 중산층의 일부는 급속히 부자의 대열에 합류하고 있다.

중산층이 중국정치에 미칠 영향도 관심거리다. 공산당은 사회안정을 위해 중산층을 정치적 우군으로 활용할 의사가 있음을 분명히 했다. 하지만 중산층이 계속 공산당의 후원자로 남을지는 미지수다.

1. 무섭게 성장하는 중국 중산층

　20여 년에 걸친 개혁개방으로 시장경제가 뿌리를 내리면서 중국에서도 중산층이 정치·경제적으로 중요한 의미를 갖는 사회집단으로 형성되기 시작했다. 중산층은 중국 역사상 존재한 적이 없는 전혀 새로운 사회집단이다. 개혁개방의 일정한 성과 위에서 나타나기 시작한 중산층은 앞으로 중국경제의 한층 안정적인 성장에 중요한 기초를 제공할 전망이다.

　2002년 11월 8일 개막된 중국공산당 16차 전국대표대회 공작보고에서는 "중등수입자의 비중 확대가 중국사회의 안정에 유리하다"는 담론이 제기됐다. 여기서 중등(中等)수입자는 자본주의사회의 중산층과 같은 의미를 지닌다. 중국공산당이 당대회 보고에서 중산층을 본격적으로 거론한 것은 16차 당대회가 처음이다.

　중산층은 중국경제 발전에 따라 형성되기 시작했지만, 그 존재는 단순히 경제발전의 종속변수에 그치지 않는다. 중산층은 사회적 규모가 확대됨에 따라 정치와 경제를 비롯한 중국사회 전반에 영향을 미치는 적극적인 존재로 변하고 있다.

　중산층은 중산계층(中産階層), 중산계급(中産階級), 중등수입계층

(中等收入階層), 중간수입계층(中間收入階層), 중등수입자군체(中等收入
者群體) 등으로 다양하게 불린다.

16차 당대회에서 공식화된 중산층 부흥

공산당은 16차 전국대표대회를 기점으로 소비의 주력군이자 정
치안정의 균형추 역할을 할 중산층 확대에 힘을 쏟기 시작했다. 중
국에서는 주로 수입의 규모와 이에 근거한 생활양식으로 중산층의
범주를 정하는 경향이 있다. 하지만 중산층과 비중산층을 구분하
는 수입규모에 대해서는 일관된 기준이 없어 연구기관마다 편차가
심하다. 아울러 중산층의 개념에 대해서도 아직 명확하게 정의돼
있지는 않다.

생활양식 면에서 중산층은 흔히 "품위를 중시하지만 아주 피곤
하게 사는 사람"으로 불리기도 한다. 사회적으로 중간수준 이상의
수입을 갖지만 일자리를 유지하기 위해서는 높은 노동강도에 시달
려야 하고 그만큼 자기계발을 계속해야 한다는 의미다.

2002년 말 13억에 달한 중국의 총인구 중 도시인구는 4억(30%),
농촌인구는 9억(70%)에 이른다. 중산층의 규모는 일반적으로 빈곤
한 농촌인구를 제외한 도시인구만으로 추산한다. 중산층을 획정하
는 대표적인 기준은 가정재산 규모다.

2002년 9월 중국 국가통계국이 발표한 도시주민의 평균 가정재
산(家庭財産)은 22만 8,300위안(2002년 6월 말 기준)이었다. 여기서
가정재산은 가계의 총재산을 의미한다. 가정재산에는 임금소득뿐
아니라 주택을 포함한 부동산, 현금 같은 동산, 주식을 비롯한 유

가증권을 모두 포괄한다. 국가통계국은 가정재산이 15만~30만 위안을 중산층의 경제적 기준으로 삼았다. 국가통계국은 이에 의거해 2002년 9월 현재 중국의 중산층 규모가 도시인구의 절반 정도인(48.5%) 2억 명에 달한다고 설명했다. 이것은 중국의 중산층 규모가 총인구의 18%에 이른다는 것을 의미한다.

국가통계국은 앞으로 중산층이 매년 1% 수준으로 증가해 2020년이면 총인구의 38%에 이를 것으로 예상했다. 2020년 중국 총인구를 16억으로 잡을 경우 중산층 규모는 약 6억 명에 이르게 된다. 하지만 중산층이 예상대로 확대된다 하더라도 전체인구에서 차지하는 비율은 선진국과 비교가 되지 않는다. 미국 등 선진국의 중산층 가정 인구는 총인구의 80% 수준이다. 선진국에서는 중산층이 대중의 의미로 쓰이는 데 반해 중국에서는 앞으로도 당분간 소수 부유층의 의미를 갖게 될 전망이다.

생활양식과 수입규모도 중산층을 규정하는 중요한 척도가 된다. 2002년 12월 7일 '중국라디오'는 중산층의 경제적·문화적 특징을 3가지로 정리했다. 첫째, 안정적인 수입이 있어야 한다. 둘째, 자력으로 집과 자가용 승용차(私家車)를 살 수 있어야 한다. 셋째, 여행과 교육 등 현대적 소비유형에 충분한 돈을 사용할 능력이 있어야 한다.

중산층 가정(中産家庭)의 대열에 끼기 위해 반드시 갖춰야 할 것은 집이다. 현재 중국 대도시 상위 중산층의 상당수는 교외지역의 방 2~3개 짜리 집(면적 80~150㎡)에서 생활한다. 임대로 거주한다 하더라도 정기적으로 임대료를 지불할 능력만 있으면 자가 소유자에 포함시키기도 한다. 대도시별로 중산층의 주요 거주지역은 베이징의 경우 외곽 5환(五環) 일대, 상하이는 푸둥(浦東)지구, 광저우는 뤄씨치아오(洛溪橋) 이남지역이 꼽힌다.

자가용 승용차는 소유 여부가 중산층의 필수적인 기준은 아니다. 구입능력만 있어도 무방하다는 것이다.

중산층은 수입규모에 따라 하등, 중등, 상등으로 나누어진다. 중등수준의 중산층 생활을 유지하기 위해서는 부부의 월소득 합계, 즉 월 가정소득이 2만 위안은 돼야 하고, 상등수준에 달하려면 4만 위안이 필요하다.

중국 전문가들이 추산한 중산층 가정의 매달 소비규모를 보자. 외식을 포함한 식사비 1,500~5,000위안, 의료·보험비 600~1,500위안, 재충전을 포함한 교육비 300~5,000위안, 교통·통신비 500~1,000위안, 옷과 미용비 1,000~5,000위안, 오락과 여가활동비 600~3,500위안 등이다.

하지만 이 기준으로 볼 때 중산층은 중등소득자를 넘어서는 고소득자 집단을 포괄하게 된다. 따라서 중국에서 중산층은 서방식 중간계층과는 달리 중등수입자와 상위소득자를 합친 좀더 광범위한 개념으로 사용된다고 할 수 있다.

대도시를 중심으로 폭증하는 중산층

그러면 중산층의 직업은 무엇일까. 일부 경제학자들은 앞으로 신흥 중산층의 주력을 형성하게 될 직업유형을 5가지로 예상한다. 과학기술 개발형 기업가, 중국에 투자한 해외기업의 중국인 관리자, 국유금융 부문의 중·고급관리자, 각종 전문기술직(특히 각종 중개업무 기관의 전문기술직), 개체공상호나 사영기업주의 일부분이 그것이다.

2002년 현재 IT업계와 관련 전문 기술인력의 월급여는 3,000~8,000위안 정도다. 이들 분야에서도 대학을 갓 졸업한 전문인력의 급여는 4,000~8,000위안 수준이다. 이밖에 기계, 전자, 농업 등 비교적 전통적 분야의 대학 졸업자가 월급여 2,000위안 정도의 일자리를 잡는 경우는 그리 많지 않다. 특히 문학이나 역사, 철학 등 분야의 대졸 학력자에게는 월 1,500위안 수준의 일자리도 괜찮은 것으로 인식된다.

하지만 세계무역기구(WTO) 가입으로 전문직 인재의 노동력 가격이 상승하면서 새롭게 중산층 대열에 진입하는 사람도 크게 늘 전망이다. 국제금융·무역부문, IT관련 첨단기술 분야, 의약·생물학 분야, 외국어 분야 인재들의 몸값이 급상승한다는 것이다. 이들 특정 전문분야 인재들의 몸값이 뛰면서 동일 학력자, 예를 들어 석사 학위자 사이에서도 분야와 능력에 따라 소득규모가 크게 벌어질 전망이다.

중산층은 특히 베이징, 상하이, 광저우, 선쩐 등 경제발전 속도가 빠른 대도시에서 기하급수적으로 증가하는 추세를 보인다. 대부분의 경제학자들은 앞으로 10~20년 후면 이들 대도시에서 중산층이 규모상 무시할 수 없는 사회의 주류세력이 될 것으로 내다본다.

신규 중산층 진입자들은 1970년대 이후에 태어나 비교적 양질의 교육을 받은 세대다. 이러한 중산층은 개혁개방 초기에 권력과의 결탁이나 법적 회색지대를 이용해 일거에 부를 축적한 폭발호

(暴發戶), 즉 벼락부자나 졸부와는 성격이 다르다. 폭발호가 계획경제에서 시장경제로의 체제 이행기에 나타나는 과도기적 틈새를 이용한 데 반해 중산층은 전문적 능력을 키움으로써 개인적 상품가치를 높인 존재다. 이런 점에서 중산층은 새로운 성격의 부를 대표하는 집단이자 중국경제의 건실한 성장을 이끌 집단이다.

2002년 중국의 1인당 국내총생산(GDP)이 8,000위안 수준인 점을 감안할 때 중산층이 가진 소비능력은 매우 크다. 사회의 주력 소비자 집단으로 등장한 중산층의 증가는 유효수요를 확대해 앞으로 중국경제의 지속적이고 안정적인 성장에 중요한 몫을 할 전망이다. 공산당은 중산층이 일반적으로 보수성이 강하다는 측면에서 정치·사회적 안정에도 중요한 기능을 할 것으로 기대한다.

2. 중산층은 소비의 주력군

중국에서 중산층은 새로운 사회계층인 만큼 과거 세대와는 다른 의식구조를 가지고 있다. 생활양식도 자연히 과거 세대와 차이를 보인다. 중산층의 새로운 의식구조와 생활양식은 중국의 전반적인 사회, 경제에도 영향을 미치기 시작했다.

앞으로 중국 중산층의 주력을 형성할 사람은 화이트칼라 집단이다. 정신노동을 위주로 하는 화이트칼라 계층은 중국에서 백령계층(白領階層)으로 불린다. 반면 육체노동자를 의미하는 블루칼라 계층은 남령계층(藍領階層)으로 지칭된다. 화이트칼라 계층은 지식을 자산으로 한다는 점에서 자본가에 대비해 지본가(知本家)로 불리기도 한다.

중산층은 화이트칼라 지식인이 주류

화이트칼라는 전문지식 소유자의 의미를 가진 전업 지식분자(專業知識分子)를 주요 구성요소로 한다. 2003년 1월 16일자 ≪인민일보≫에 따르면 현재 중국의 전업 지식분자는 3,800만 명에 이른다. 이 중 약 1,000만 명이 사영기업이나 외자기업, 개체공상호 등 비국유부문에서 일한다.

전업 지식분자는 자신이 가지고 있는 지식을 무기로 비교적 자유롭게 직업을 선택할 수 있기 때문에 자유택업 지식분자(自由擇業知識分子)라고도 불린다. 상하이 사회과학원은 2002년 4월 실시한 조사결과를 바탕으로 안정적인 직업과 높은 문화·소득·생활수준을 가진 자유택업 지식분자가 사회적 집단으로 형성되고 있다고 발표했다.

조사에 따르면 자유택업 지식분자는 86.18%가 전문대학 이상의 학력을 갖고 있다. 직업은 크게 각종 중개기관의 전문직, 사영기업의 전문기술 및 관리직, 자영업으로 구분된다. 이들의 직업선택 방식은 86.7%가 공개채용 등 시장경쟁을 통해 이루어졌으며 나머지는 독자적으로 창업했다. 직업에 만족하는 이유로는 재능발휘 기회, 흥미, 발전전망, 도전성, 좋은 보수 등이 꼽혔다. 이들은 일반적으로 국유기업에 머물러 있기보다는 시장을 통한 자기가치 검증을 선호한다.

상하이의 경우 1990년대 이래 10년간 전체 전업 지식분자의 22%인 20만 명이 국유기업에서 사영기업으로 자리를 옮기거나 창업했다. 이들 중 40%는 연소득이 10만 위안 이상이었으며 집을 소유하고 있는 것으로 조사됐다.

화이트칼라 계층이 중산층의 핵심을 구성하는 것은 교육의 중요성이 더욱 커지고 있음을 의미한다. 2002년 11월 27일자 ≪중국신문사≫ 보도에 따르면 중국에서 교육수준과 소득의 비례관계가 한층 명확해지고 있다. 이것은 교육을 1년 더 받았을 때 수입이 증가하는 비율을 의미하는 '교육경제회보율'(敎育經濟回報率)의 변화에서도 잘 나타난다. '교육경제회보율'은 1981년 0.025%, 1987년 0.027%로 낮은 수준에 머물렀으나 2000년대 들어와서는 6~7%로 크게 높아졌다. 교육 연한이 1년 더 길 경우 소득이 6~7% 높아지는 중국의 현재 교육경제회보율은 이미 서구 수준에 근접한 것이다.

이에 따라 블루칼라가 화이트칼라에 비해 소득이 높았던 중국의 과거 급여 관행도 급격히 역전되는 추세에 있다. 블루칼라가 화이트칼라보다 급여가 많았던 과거의 관행은 흔히 몸통이 머리보다 값이 비싸다는 의미로 뇌체도괘(腦體倒掛) 현상이라 불린다. 화이트칼라의 부상은 뇌체도괘 현상을 역전시킴으로써 정보화사회나 지식사회로의 이행을 촉진하는 요소로 받아들여진다.

중산층은 일반적으로 안정적 소비를 통해 경제성장에도 긍정적인 작용을 한다. 중산층의 이러한 소비특성은 앞으로 중국경제에서 매우 기대되는 요소 중 하나다. 1990년대 중반 이후 중국경제는 유효수요 부족으로 심각한 고민에 빠져 있다. 한편으로는 과잉생산, 또 한편으로는 사회보장체계 와해에 따른 주민의 소비심리 위축으로 초래된 유효수요 부족은 지속적인 고도성장의 발목을 잡을 것으로 우려된다. 더욱이 부의 편중과 빈부격차가 확대되면서 유효수요 부족현상은 중국경제의 고질병이 될 가능성도 있다.

2002년 3월 12일자 ≪중국신문사≫는 중국사회과학원 조사를 인용, 사회적 부가 소수 상위자에 지나치게 편중돼 피라미드형 분배구조를 이루고 있다고 보도했다. 개인 가처분소득(可支配收入)을 기준으로 했을 때 상위소득자 15%가 사회 전체 부의 85%를 점하고 있다는 것이다. 상위소득자 15%를 제외한 85% 대중의 소비능력이 극히 제한돼 있는 상황에서 유효수요 확대를 기대하기는 어렵다.

이런 점에서 중산층의 확대는 유효수요 창출을 위한 새로운 돌파구로 인식된다. 2003년 2월 25일자 ≪북경만보≫에 따르면 베이징 지역 중등수입자의 연간 평균소득은 4만~8만 위안(미화 5,000~1만 달러)에 달했다. 이밖에 저축을 비롯한 각종 금융성 자산은 20만 위안이었다. 반면 중국 전체의 1인당 국내총생산(GDP)은 2000년 8,000위안에 불과했다. 단순 비교했을 때 베이징 중산층의 소비능력은 금융성 자산을 제외하더라도 평균적인 중국인의 최고 10배에 이른다.

타이완은 안정적 성장의 기반

중산층의 확대는 고급 내구소비재의 대량소비를 가능케 한다. 흔히 도시 중산층 가정의 3가지 필수품을 의미하는 삼대건(三大件)을 보자. 1960~70년대 삼대건은 라디오, 손목시계, 자전거였지만, 1980년대에 들어서면서 컬러TV, 냉장고, 세탁기로 변했다. 1980년대의 삼대건은 1970년대의 노삼대건(老三大件)과 구별해 신삼대건(新三大件)으로 불린다.

1990년대에 와서 대도시와 경제가 발전한 연안지역의 삼대건은 또 다시 승용차, 주택, 해외여행으로 진일보했다. 중산층이 확대되면서 이들 품목에 대한 수요도 기하급수적으로 늘어날 전망이다. 대도시에서는 이미 중산층이 중·고가 아파트의 주요 구매집단으로 떠올랐다. 2003년 8월 5일자 타이완 '공상시보'는 상하이의 경우 현지 중산층이 고급아파트의 주력 구매자라며 중산층의 소득증가에 따라 주택가격도 더 높아질 것으로 전망했다.

2003년 2월 21일자 ≪국제금융보≫는 중국과 서방 중산층의 실제 생활수준 격차가 점차 좁혀지고 있다고 보도했다. 특히 에어컨, 자동 식기세척기, 세탁기, 빨래건조기, 커피포트, 전자레인지, 토스터기, 오디오, 컴퓨터, 위성방송 수신기, ADSL 등 가정의 하드웨어 설비에서는 거의 차이가 없다고 설명했다. 중산층 가정의 하드웨어 설비가 늘어나면서 전력소비도 크게 늘고 있다. 중산층 가정의 전력소비량은 일반가정의 10배 이상에 달하는 것으로 조사됐다.

중산층의 성장은 중국을 소비시장으로 공략하는 외국기업의 투자를 확대하는 요인도 될 것이다. 중산층은 앞으로 외제상품의 주요 구매집단이 될 전망이다. 2002년 12월 홍콩의 주간지 ≪파 이스턴 이코노믹 리뷰≫의 조사에 따르면 중산층은 옷과 자동차, 전자제품 등에서 수입품에 대해 높은 선호도를 보였다. 아울러 중산층 가정의 75% 이상이 케이블TV에 접속하고 있고, 약 20%는 위성방송 수신기를 갖고 있는 것으로 조사됐다.

중산층의 확대는 내구소비재뿐 아니라 은행, 보험, 증권 등 금융부문과 관광 등 오락·서비스산업의 발전에도 무한한 기회를 제공할 전망이다. 중산층은 소득수준이 비교적 고를 뿐 아니라 원하는 금융서비스 형태도 비슷하기 때문에 금융기관이 규모의 경제효과를 얻기가 쉽다. 은행은 앞으로 중산층이 중시하는 교육과 여행에 맞춰 새로운 금융상품을 개발할 수 있을 것으로 기대한다. 중산층은 또 증권과 은행, 보험 등에 포트폴리오 투자를 하는 경향이 있어 이들 분야의 발전에 기여할 것으로 예상된다.

중국의 화이트칼라 계층은 과거 계획경제 체제 아래서 성장한 사람들과는 다른 의식구조를 가지고 있다. 계획경제 세대가 조직에 의존하고 조직을 우선했다면, 새로운 화이트칼라 계층은 매우 실용적이고 개인을 우선시하는 경향이 강하다.

화이트칼라 계층이 그렇다고 과거 계획경제 체제의 사회적 분위기에서 완전히 탈피한 것은 아니다. 여전히 인구의 주류를 이루는 기성세대에 영향을 받아왔기 때문이다. 따라서 화이트칼라 계층은 비록 개인주의적 경향이 강하지만 조직에 대해 이중적인 태도를 가지고 있다.

중국 중산층은 조직에 충성심이 약하다

이 점은 화이트칼라 계층이 기업주에 대해 갖는 태도에서 잘 나타난다. 중국의 화이트칼라 계층은 자신이 일하는 회사의 기업주를 비인간적인 착취자이자 믿을 수 없는 존재로 보는 경향이 강하다. 또한 타이완이나 홍콩의 화이트칼라에 비해 회사에 대한 충성심이 약해 전직을 쉽게 하는 것으로 평가된다. 2003년 2월 21일자 《중화공상시보》는 시나닷컴(sina.com)의 여론조사를 인용해 중국 화이트칼라가 1년에 평균 12차례 전직을 고려한다고 보도했다. 또 조사대상자의 50% 이상이 기업주를 의지할 수 없는 존재로 여기고 있다고 응답했다. 전직자의 상당수는 연말에 회사를 옮기는 것으로 나타났다. 기존 회사에서 연말 보너스를 챙기면서 새로운 회사와 계약하는 매우 현실적인 방법을 쓰는 것이다.

화이트칼라의 전직 경향은 2002년 상반기에 열린 중국 인력자원회사 회의에서 발표된 조사결과에서도 비슷하게 나타났다. 이 조사에 따르면 기업 중간관리직의 56%와 평사원의 64%가 매년 12차례 이직을 고려하는 것으로 나타났다. 아울러 중간관리직의 38%와 평사원의 47%가 업무에 불만을 가지고 있다고 응답했다. 업무불만의 비율이 이직을 고려하는 비율보다 낮은 것은 업무에 대한 만족도보다 대우(보수 포함)가 이직을 결정하는 주요변수임을 시사한다.

사원들의 잦은 이직으로 인한 기업의 손실도 적지 않다. 위의 조사에 따르면 사원들의 이직으로 인해 대기업이 지불하는 직·간접적인 비용은 급여액의 1.5~3배에 달했다. 기업의 경영상 비밀이나 각종 노하우 유출에 따른 손실이 크기 때문이다. 화이트칼라 계층의 업무 불만족과 기업주에 대한 불신은 최근 중국에서 노사분규(勞資糾紛)가 급증하는 것과 무관치 않다.

화이트칼라 직원들의 이러한 심리는 일반적으로 중국 젊은이들이 사영기업주를 매우 부러운 존재로 여기는 점을 감안하면 역설적이다. 이와 관련해서 ≪중화공상시보≫는 화이트칼라가 기업주를 불신하는 구조적 이유를 4가지로 설명했다.

첫째, 기업주를 자본이 인격화된 존재(다시 말해 착취자)나 돈 버는 기계로 보는 시각이 아직 남아 있기 때문이다. 20여 년에 걸친 개혁개방과 시장경제 실시에도 불구하고 여전히 자본주의와 사회주의 사이의 개념에 혼동을 일으키고 있다는 것이다.

둘째, 사영기업(특히 중소규모 사영기업)의 다수가 아직 자본의 원시적 축적단계에 있어 노동착취가 상대적으로 심하다는 점이다.

셋째, 사장들이 시장경제에 익숙하지 않거나 벼락부자로서 문화적 수준이 낮아 사원들의 반발을 사는 경우가 많다.

넷째, 기업간 과열경쟁으로 기업의 평균수명이 짧아지면서 사원들에게 눈 돌릴 여유가 없다는 것이다.

사원들을 대상으로 한 조사에서는 비교적 현실적인 이유가 제시됐다. 기업주가 인색하거나 유능한 사원을 홀대한다거나, 능력보다는 친인척을 우선하는 행태가 지적됐다. 기업주가 유능한 사원을 홀대하는 것은 해당 사원이 장차 독립해서 회사와 경쟁관계에 서지 않을까 우려하는 단기적 안목이 작용하기 때문인 것으로 분석된다. 친인척 우선 행태는 중국의 가족기업에서 일반적으로 나타난다. 족벌기업은 재무분야 등 비밀이 요구되는 주요 직책에 친인척을 앉힘으로써 유능한 인재에게 실망감을 안겨주게 된다.

2003년 일본정부의 JBIC 조사에 따르면 중국에 투자한 일본기업들은 현지 화이트칼라 직원들의 잦은 이직으로 비즈니스에 고통을 겪는다고 호소했다. 이직하는 직원들이 기존의 회사 고객도 함께 가져가는 바람에 고객확보에 어려움을 겪는다는 일본기업은 2002년 53%에 달해 전년보다 9%가 늘었다.

일본 기업인들은 중국 화이트칼라 계층이 일본기업보다 서구기업을 선호하는 문화적 경향을 가지고 있다고 본다. 하지만 2003년 2월 17일자 ≪중국신문사≫는 이에 대해 "책임은 일본기업의 인재관리와 대우방식에 있다"고 반박했다. 일본기업이 유럽기업과 달리 현지법인의 최고책임자 등 고급관리자를 일본인으로 임명하는 경향이 강해 사원들의 충성심을 확보하지 못하고 있다는 주장이다.

3. 중산층은 공산당의 우군인가

중산층의 주요 구성집단인 화이트칼라 계층은 새로운 사회계층으로서 시장경쟁이 강한 분야에서 일하는 비율이 압도적으로 높다. 그런 만큼 이들이 생활에서 느끼는 심리적 압박의 강도도 이전 세대에 비해 크게 높다.

2003년 1월 중국질병예방통제중심 등이 공동으로 실시해 발표한 조사에 따르면 중국인의 연평균 자살률은 10만 명당 23명에 달했다. 이 발표는 도시 화이트칼라 계층의 자살률이 특히 높다며, 앞으로 자살이 15~34세 연령층의 최대 사망요인이 될 것으로 내다봤다. 화이트칼라는 일반적으로 안정된 직장을 갖고 비교적 높은 수입을 얻기 때문에 상대적으로 부유한 가정생활을 영위한다. 그럼에도 불구하고 중산층의 자살률이 높은 것은 업무상 스트레스와 높은 기대수준이 결합된 결과로 해석된다.

중국 화이트칼라 계층이 느끼는 업무 스트레스는 해외유학 뒤 귀국한 중국인, 즉 해귀파(海歸派)들도 인정한다. 이들은 화이트칼라 노동자들이 선진국에 비해 훨씬 높은 업무강도에 시달리고 있다고 평가한다.

　나이가 젊고 더 좋은 직장을 가진 사람일수록 도태에 대한 불안감과 발전에 대한 중압감으로 인해 높은 심리적 긴장감을 갖는 것으로 나타났다. 화이트칼라 노동자 중에는 경영학 석사(MBA)과정 입학 등을 통해 지속적으로 자기계발을 하는 경우가 많다. 2000년대 들어와 유명 대학의 MBA과정이 높은 경쟁률을 보이는 것은 화이트칼라 중산층이 처한 사회적 경쟁환경과 무관치 않다.

사회적 경쟁에 짓눌린 중국 중산층

　2003년 1월 1일 ≪아시안 월스트리트 저널≫은 중국 도시 남성들이 느끼는 불안감이 갈수록 높아지고 있다고 보도했다. 사회적 경쟁이 심해지고 여성과 같은 위치에서 경쟁하는 경우가 많아지면서 심리적으로 위축되고 있다는 것이다. 최근 중국에서는 아내보다 수입이 적거나 비슷한 남성은 사회적 실패자로 인식되기도 한다.

　남성들의 가중되는 불안감은 부부간 역할분담에 대한 인식변화와 관련이 있는 것으로 보인다. 2002년 중국 국가통계국 조사에 의하면 남성은 돈을 벌고 여성은 가사를 돌봐야 한다고 생각하는 남성이 점차 증가하는 추세를 보였다. 과거 계획경제 시대 남녀(또는 부부)가 평등하게 일자리를 갖던 때와 달리 남성의 외부적 역할이 강조되면서 남성의 심리적 부담이 커졌다는 이야기다.

　이러한 심리적 부담은 자연히 일자리에 대한 불안감으로 연결되기 마련이다. 이에 따라 남성을 소비자로 겨냥하는 상품은 광고기법에서 변화가 요구되고 있다. 남성을 여성과 동일한 위치로 상정하거나 여성을 추종하는 내용의 광고보다는 남성의 강인한 이미지를 강조하는 광고가 호소력이 높다는 분석이 나왔다.

중국의 화이트칼라 계층이 느끼는 스트레스의 정도는 월간 경제 잡지 ≪경리인(經理人)≫ 2003년 7월호가 경영자 722명을 대상으로 실시한 여론조사에서 잘 나타난다. 조사대상이 경영자라 중산층의 범주를 벗어나긴 하지만, 화이트칼라의 상황을 유추하는 데는 큰 무리가 없다. 이 잡지가 조사한 '2003년 경영자 고통지수'에 따르면 경영자의 66%가 다양한 수준의 고통을 느끼고 있고, 이 중 30%는 매우 심한 고통을 느끼고 있다. 고통은 심리적 인내수준을 넘어설 정도의 각종 스트레스와 심리불안, 긴장, 우울증, 불면 등이었다. 아울러 30~40대 경영자의 절반 이상이 피로와 운동 부족 등으로 인해 고혈압과 당뇨, 비만, 저체중 현상을 보이고 있었다. 설문조사 결과의 일부를 보자.

▲ 분초를 다툴 정도로 시간에 쫓기나?

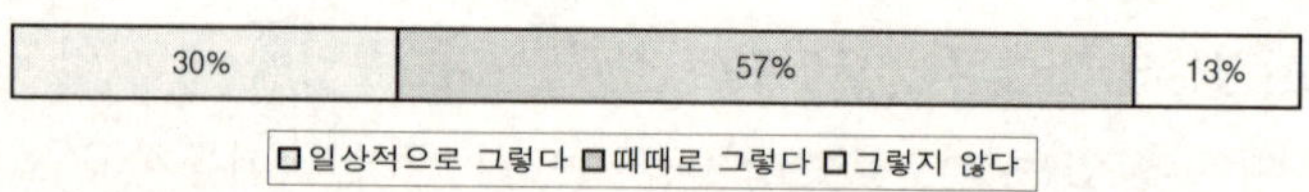

▲ 항상 수면이 부족하고 매우 피로하다고 느끼나?

▲ 잠자리에서 생각이 많아 잠들기가 어렵나?

▲ 가족이나 친구, 동료들과 함께 있을 때 자주 화를 내나?

▲ 두통, 위통 등 치료가 어려운 질병이 있나?

▲ 술이나 약물, 간식의 힘을 빌어 불안한 정서를 달래나?

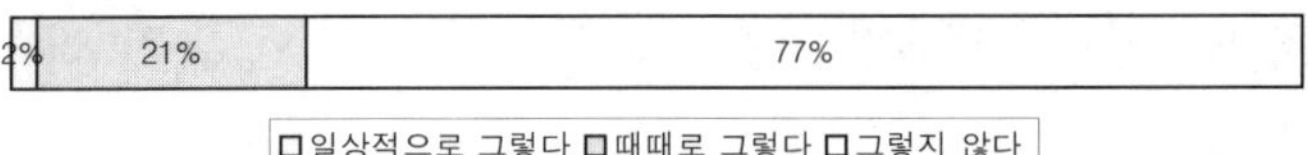

▲ 잠을 자기 위해 수면제를 먹어야 하나?

중산층의 존재는 정치분야에서도 큰 의미가 있다. 중산층의 확대는 사회적 분배구조를 피라미드형에서 항아리형으로 변화시켜 정치적 안정에 유리할 것으로 인식된다.

공산당은 2002년 11월 8일 개최된 제16차 전국대표대회를 통해 중산층의 사회적 안정기능을 처음으로 제기했다. 중산층의 존재를 인정했다는 것은 곧 중국사회에서 계급분화가 발생했음을 인정했다는 의미를 갖는다. 지금까지 공산당은 공식적으로 중국사회에 분화된 계급이 존재하지 않으며, 이로 인한 계급착취도 없다는 입장을 견지해왔다.

특히 공산당이 중산층의 사회적 안정기능을 거론한 것은 중산층을 자본가의 한 부분 또는 자본가와 같은 독립적 사회집단으로 보기 시작했다는 의미를 내포한다. 공산당은 16차 당대회에서 당의 강령인 장정(章程)을 수정해 3개대표사상(三個代表思想)을 새로 추가했다. 3개대표사상은 공산당이 일관되게 중국의 '선진 사회생산력의 발전요구'와 '선진문화의 전진방향' 및 '가장 광대한 인민의 근본이익'을 대표한다는 것이다. 이것은 선진생산력과 선진문화를 대표하는 세력이 사회적 성분과 관계없이 공산당의 우군이라는 의미로 해석된다.

실제로 공산당은 3개대표사상에 따라 사영기업가는 물론이고 첨단기술 분야의 전문인력과 중국에 투자한 외국기업의 중국인 관리자 등 중산층 화이트칼라도 공산당원이 될 수 있다고 밝혔다. 이것은 사회발전 추세로 볼 때 중산층이 더 이상 무시할 수 없는 사회적 세력으로 역량이 커지고 있음을 공산당이 인식한 결과로 분석된다. 이러한 이념적 변화는 공산당이 단순한 노동자·농민 이익의 수호자를 넘어 사회 전체 계층을 대표하는 방향으로 계급적 외연을 넓히겠다는 것을 의미한다.

현재 중국은 역사적 상황으로 볼 때 유동성이 매우 큰 사회다. 계획경제에서 시장경제로 체제를 전환하기 시작한 지 20여 년에 불과한 데다 경제가 낮은 단계부터 급성장하고 있기 때문이다. 아울러 비교적 짧은 시기에 글로벌 체제에 급속히 편입되면서 경제 각 분야가 동시적으로 변화와 구조조정을 겪고 있다.

이처럼 유동성이 높은 사회에서는 개인에게 열려진 사회적 신분 상승의 기회가 많기 마련이다. 중국의 높은 사회적 유동성은 IT 같은 첨단기술 분야에서 부자들이 대량으로 나타나는 것을 보아도 알 수 있다. 2003년 6월 14일자 중국 ≪신식시보≫에 따르면 광둥성 광저우의 경우 매일 1명 꼴로 백만장자가 생겨나고 있다. 총자산이 100만 위안을 넘는 백만장자는 중국의 소득수준에 비추면 당연히 고소득 부유계층에 속한다. '신식일보'는 2003년 현재 광저우의 첨단기술 분야 백만장자가 약 1만 명에 이른다고 보도했다. 이처럼 급속히 양적으로 팽창하는 화이트칼라 중산계층은 공산당에게는 기회이자 도전으로 작용한다.

중산층의 양면성에 고민하는 공산당

중산층은 양면적 속성을 갖는다. 중산층은 정치체제가 자신들의 안정적 생활과 발전에 우호적인 여건을 만들 때는 체제의 후원세력, 즉 보수·안정세력의 역할을 한다. 하지만 반대의 경우에는 체제전복 세력으로 변하는 것이 역사적 경험이다. 따라서 공산당이 장정을 수정해 3개대표사상을 추가한 배경에는 사영기업가와 중산층을 입당시켜 공산당의 우군으로 만들겠다는 의도가 담겨 있다.

그러나 2003년 초 여론조사에 따르면 중국 중산층은 공산당 입당에는 별 관심을 보이지 않았다. 중산층의 최대 관심은 공산당이 자신들의 비즈니스와 생활안정을 위한 정책적 일관성을 유지할 수 있을지 여부에 있었다. 이런 점에서 중산층은 공산당의 기존 정책을 일단 긍정적으로 평가하는 것으로 볼 수 있다.

중산층의 확대는 16대에서 제기된 국정목표인 '전면적인 소강(小康)사회 건설' 계획에서도 중요한 역할을 한다. 공산당은 중국사회가 2000년 초보적인 소강사회 수준에 이른 것으로 본다. 하지만 소강사회가 보편적인 단계에는 이르지 못했다며, 전면적인 소강사회 건설에 경제사회적 역량을 집중하기로 했다.

소강사회라는 개념은 1980년대 초 덩샤오핑이 유학의 고전인 『예기(禮記)』의 한 문장을 인용해 제기한 것이다. 소강사회는 대체로 "중산층의 생활수준을 유지하는 사회"를 의미한다. 소강사회는 덩샤오핑이 제기한 이래 중국의 총체적 발전단계에서 중요한 목표로 설정됐다.

인민의 생활수준을 기준으로 한 중국의 국가 발전단계의 목표는 빈곤단계→온포(溫飽)단계→소강단계→부유단계다. 이 중 온포단계는 절대빈곤에서 해방돼 배불리 먹고 살 만한 정도의 생활수준을 유지하는 것을 의미한다. 중국정부는 이 발전단계를 유엔 세계식량농업기구(FAO)가 제시한 엥겔지수 단계법을 표준으로 삼아 구분하기도 한다. 엥겔지수는 가구의 가처분소득에서 식료비가 차지하는 비율을 의미하며, 지수가 높을수록 생활수준이 낮다. 중국정부는 엥겔지수가 60% 이상이면 빈곤단계, 50~60%이면 온포단계, 40~50%이면 소강단계, 40% 이하는 부유단계로 구분한다.

2002년 중국의 엥겔지수는 도시주민이 평균 39.2%, 농촌주민이 49.1%였다. 이 수치로만 보면 농촌주민은 온포단계를 넘어 낮은 수준의 소강단계로 진입했고, 도시주민은 부유단계로 들어섰다.

하지만 여기에는 중국의 낮은 생활 물가수준이 한몫을 했다. 아울러 중국정부의 자의적인 조사기준을 감안하면 현실적인 생활수준은 이보다 상당히 낮다고 봐야 한다. 더욱이 농촌인구가 9억에 이르는 데다 도시주민의 빈부격차가 심해 전면적인 소강사회에 진입하기 위해서는 아직 갈 길이 멀다. 2002년 11월 출판된 『16대 보고 보도독본』(十六大報告補導讀本, 인민출판사)에 따르면 도시주민 2천만 명과 농촌주민 3천만 명이 아직 온포단계에 이르지 못한 빈곤상태에 있다고 한다.

중산층의 확대는 중류 생활수준의 인구를 확대하고 상층부에 편중된 사회적 부의 분배상황을 시정함으로써 전면적인 소강사회 건설에 중요한 고리를 이룬다. 16차 당대회에서 제시된 국정운영 목표에 따라 중국정부는 앞으로 중산층 확대에 상당한 노력을 기울일 것으로 예상된다. 중산층 확대는 생활수준 향상과 함께 인민의 의식수준을 높여 중국정부가 추진중인 인민소질(人民素質), 즉 인민의 소양 제고에도 기여할 전망이다.

에필로그

한국은 정말 중국보다 선진국일까? 한국인은 중국을 한국보다 후진국으로 생각하는 경향이 강한 것 같다. 정말 그럴까?

딱히 틀렸다고 반박하기는 어렵지만 그렇다고 맞다고 동의하기도 어렵다. 중국이 선진성과 후진성, 역동성과 정체성을 동시에 갖고 있다는 점을 고려하면, 이 물음에 대해 본질적으로 객관적인 답은 없는지도 모른다.

하나 더. 한국인은 중국을 배움의 대상이라기보다는 투자나 수출의 대상으로만 생각하는 경향이 강한 것 같다. 정말 그래야 할까?

배우고 말고는 강요할 문제가 아니라 선택의 문제라고 보면 물음 자체가 불합리할지도 모르겠다. 더욱이 투자하고 수출해서 돈을 많이 버는 것이 중요하지, 배우고 말고는 부차적인 문제라고 주장한다면 더 할 말이 없다.

또 하나. 한국인은 중국이 한국보다 국제화가 덜 돼 있다고 생각하는 경향이 강한 것 같다. 정말 그럴까?

개혁·개방한 지 겨우 20년 남짓이니 시간적으로도 한국과 비교하기 어렵다는 견해가 있을 법하다. 여기에다 인민폐가 자유태환되지 않는 중국을 경제협력개발기구(OECD) 회원국인 한국과 국제화 수준을 놓고 비교하는 것은 어불성설이라고 자신감을 피력하는 사람이 나올 수도 있겠다.

시작한 김에 하나 더. 한국인은 중국이 한국보다 덜 자본주의적이고 덜 시장경제적이라고 생각하는 경향이 강한 것 같다. 정말 그럴까?

헌법에 사유재산 보호조항조차 없는 중국을 한국보다 더 자본주의적이라고 하는 것은 말이 안 된다는 주장이 대뜸 나올 만도 하다. 국유기업의 고정자산 투자와 취업자 규모가 민간부문을 초과하는 나라를 놓고 한국과 시장경제 수준을 비교하는 것은 애초에 타당치 않다는 반박이 나올 수도 있겠다.

2003년 10월 말이었다. 몇 달 만에 상하이를 들렀다. 상하이에서의 몇 달은 여느 사회의 몇 년, 또는 몇십 년에 맞먹는다는 표현은 결코 과장이 아니었다. 상하이의 변화속도에 인식의 시계를 맞추지 못한 사람은 도착 즉시 타임머신에서 내렸다는 느낌을 받을 것이다.

우선 택시요금 결제체제부터 달라져 있다. 택시마다 이카퉁(一卡通)이란 전자 결제시스템 단말기가 장착돼 있어 현금 없이 교통카드로 요금을 받고 있다. 하지만 결제시스템은 하드웨어에 불과하다. 정말 변한 것은 운전사의 서비스 태도다. 운전사의 착오로 길을 잘못 들어 우회했을 때는 운전사가 스스로 알아서 요금 계산기를 정지시키거나 그만큼 요금을 빼준다. 정신적 소프트웨어도 빠른 속도로 변하고 있는 것이다.

이보다 훨씬 먼저 변한 것이 있다. 바로 승객이 트렁크를 갖고 택시를 부를 때다. 운전사는 지극히 당연한 태도로 승객을 대신해서 트렁크를 뒤편 짐칸에 실어준다. 내릴 때도 마찬가지로 짐을 내려준다. 당국이 택시회사에 그렇게 하도록 지시를 했기 때문인지는 정확히 알 수 없다. 어쨌든 택시 운전사는 "당신은 손님이고 나는 주인"이라고 물음에 답했다. 당연한 서비스란 이야기다.

한국의 택시 운전사가 상하이의 택시기사보다 경쟁력이 있을까? 그렇게 보기는 힘들 것 같다. 서울에서는 지금까지 택시를 타면서 한 번도 트렁크를 실어주는 운전사의 서비스를 받아보지 못했다.

서울에서 최근의 경험 하나.

필자: (운전사가 나 몰라라 하는 바람에 트렁크를 직접 뒤편 짐칸에 싣고 차에 탄 뒤) "트렁크 좀 실어주면 안 됩니까?"

기사: "한국 수준에서는 아직 그런 건……."

필자: "미국이나 일본 같은 선진국에서만 운전사가 그런 서비스를 한단 이야기입니까?"

기사: "그렇다고도 할 수 있죠."

필자: "중국에서도 기사가 당연하게 실어주는데, 그러면 중국이 한국보다 선진국이라서 그렇습니까?!"

기사: "중국의 택시 운전사는 대학교수보다 수입이 더 많을 걸요!"

중국 대부분의 도시와 마찬가지로 24시간 운전하고 24시간 쉬는 상하이 택시 운전사의 월평균 순수입은 2천 위안(30만 원) 정도다. 물론 지방도시에서는 수입이 더 낮다. 중국에서 택시 운전사의 수입이 대학교수보다 많은지 여부는 굳이 따질 필요가 없을 것 같다. 어렵게 일하는 한국의 택시 운전사들에게만 시비를 거는 것은 더욱 불합리할 것이다. 문제는 노동윤리와 직업근성이다. 한국인이 노동윤리와 정신자세에서 이미 중국인에게 뒤지고 있는 모습이 도처에서 보인다.

중국인도 이제 한국을 우습게 보기 시작했다. "한국은 샴페인을 너무 일찍 터뜨렸다"는 말이 중국인의 입에서 심심찮게 나온다. 이 말 속에는 "수천 년간 속방 노릇을 하던 소국이 한발 먼저 돈을 조금 벌었다고 뻐긴다 싶더니……"란 냉소마저 배어 있는 듯하다.

중국인과 처음 이야기하다보면 "리하이," 즉 "대단하다"는 수식어가 따라붙는 말을 으레 듣는다. "한국의 불교 승려들 대단하다," "한국의 노동자들 파업 대단하다," "한국의 거리시위 대단하다"는 등의 말이다. 평소 한국에 관심을 갖고 있었음을 표시하기 위해 하는 말이지만 속에는 가시가 들어 있다.

제몫 찾기는 좋은데, 뒷감당이 쉽지 않은 게 오늘날 우리의 경제다. 노동력은 국경을 넘기가 어렵지만, 자본, 특히 투자는 그렇지 않다. 자본은 이윤 극대화를 위해 언제든지 국경을 넘을 준비가 돼 있고, 또 넘을 수 있다. 그것도 대부분 환영을 받으며 국경을 넘는다. 한국의 산업공동화와 실업은 이와 무관치 않다. 제몫 찾기에 바빴던 사람들은 조만간 자녀들이 일자리를 구하지 못하는 이유가 자신의 현재 행위와 연관돼 있음을 발견하게 될 것이다. "한국에서 사업 못 하겠다"는 기업인들의 하소연은 중국에 가보면 바로 이해하게 된다.

중국인은 돈을 향해 달려가고 있다. 이른바 '향전주'(向錢走)다. 앞을 향해 간다는 의미의 '향전주'(向前走)와 '시앙치앤저우'로 발음이 같은 데서 나온 말이다. 중국인은 돈을 향해 그냥 달려가는 것이 아니다. 그들은 근성을 갖고 달려가고 있다. 돈을 향해 달려가는 중국인들의 인내와 기다림은 한국인의 상상을 초월한다.

물론 배고픔에서 해방돼 희망에 부푼 중국인이 앞으로 살 만해졌을 때 자세가 해이해질 수도 있을 것이다. 하지만 경쟁력은 현재와 예측 가능한 미래가 결정한다.

저가의 노동력을 이야기하자는 것이 아니다. 한국은 이미 해외시장에서 상품 경쟁력은 물론이고 기술 우위에서마저 중국에 밀리고 있다. 이도 저도 아니면 한국은 무엇으로 중국과 경쟁할 것인가? 경쟁이 힘들다면 무엇을 밑천 삼아 중국과 윈윈을 추구할 것인가?

중국의 변화를 현지에서 장기간 겪어본 한국인들은 조금씩 두려움을 느끼기 시작하는 것 같다. 한국인 주부들이 중국에서 거의 당연하게 고용하는 것이 가정부다. 어떤 주부는 "이제 조금 지나면 우리가 중국인의 가정부 노릇을 하게 될지도 모르겠다"고 말한다. 기우가 아닐지도 모른다. 중국인 가정부의 진지한 모습을 보면 더욱 그렇다.

가정부만 진지한 게 아니다. 필자가 친하게 지내는 상하이의 한 중산층 부부를 보자. 이들은 퇴근 후 곧바로 아파트단지 안의 도서관으로 향한다. 남편은 경제학 석사 출신으로 교통은행에 근무하고, 대학졸업 학력의 부인은 독일 지멘스사 중국 현지법인에서 회계사로 일한다. 부부의 수입을 합치면 한국 돈으로 연간 2,500만 원 정도 된다. 승용차를 살 형편이 되지만 이들에겐 승진과 영어능력 향상이 우선 목표다.

중국인은 효율적이라면 외국 것이든 누구 것이든 가리지 않고 따라 배우는 열정을 보인다. 5,000년 문화의 자부심을 말하면서도 거리낌없이 선진국을 배우는 모습을 쉽게 볼 수 있다. 중국인의 생동감은 서점의 책과 북적대는 인파에서 한눈에 볼 수 있다. 출판과 거의 동시에 번역된 외국 경영학, 경제학, 미래학 서적이 서가에 즐비하게 꽂혀 있다.

중국의 국제화 속도는 한국보다 훨씬 빠르게 느껴진다. 국제화를 향한 중국인의 자세도 한국보다 진지해 보인다. "어디 비교할 데가 없어 한국을 중국에다 비교하느냐"고 말하는 사람이 있다면, 중국을 그냥 보지 말고 한 꺼풀 걷어낸 뒤 다시 보라고 말해주고 싶다. 괜한 자존심 내세우지 말라고 말이다.

중국의 최대 성장지대인 창장(長江)삼각주 경제권은 외국자본에게는 천국으로 통한다. 상하이와 쑤저우(蘇州), 우씨, 난징(南京), 항저우(杭州) 등 대도시를 포괄하는 창장삼각주 경제권은 면적이 남한을 능가한다. 이 지역이 해외자본을 블랙홀처럼 빨아들이는 것은 단순히 노동력과 소비시장, 인프라가 주는 매력 때문만은 아니다.

더 매력적인 것은 각 지방정부의 서비스 태도다. 원스톱으로 공장설립 인허가를 내주는 것은 기본 중의 기본이다. 외국기업의 애로사항이 무엇인지 공무원들이 수시로 찾아와 문의하고 해결해준다. 지방정부들은 관내기업의 어려움을 해결해주기 위해 기업마다 전담 공무원을 배정해놓고 있다. 한국 지자체보다 경쟁력이 한참 높다. "한국에서 고생하느니 중국에서 대접받으며 사업하겠다"는 기업인들의 말은 결코 빈말이 아니다.

지방정부들이 제각각 정책을 실시하던 관행도 변하고 있다. 최근 창장삼각주 지역 지방정부들은 역내 고급인력의 통일적인 공급을 위해 연계를 강화하기 시작했다. 필요한 공동조직도 만들었다. 우리로 치면 남한 전체를 아우르는 인재풀을 만들고 있는 셈이다.

원전 폐기물 저장소 하나를 못 만들어 온 나라가 떠들썩한 한국과 어떻게 비교하면 좋을까? 한국과 중국 중 어느 쪽의 국가 경쟁력이 높을까?

이것을 놓고 '중국 권위주의 체제의 효율성'이라고 평가 절하할 한국인도 있을 것 같다. 현재 한국의 어려움을 '성숙한 민주주의로 가는 과도기의 진통'이라고 자위하는 한국인도 있을 것이다. 이렇게 주장한다면 딱히 아니라고 말하기도 어려운 건 사실이다. 하지만 관건은 한국의 입장에서만 중국을 보아서는 안 된다는 것이다.

한국은 중국에서 결코 중국과만 경쟁하는 것이 아니다. 한국보다 한참 앞선 선진국과, 그 선진국의 다국적기업들이 중국에서 함께 경쟁하고 있다. 중국 자체가 국제적 무대이기 때문이다. 이런 점에서 중국은 한국보다 훨씬 이른 단계에서 시작해 국제화에 들어갔다. 경제발전 단계로 보면 더욱 그렇다. 중국은 이미 경제적 도약단계(take-off) 이전에 국제무대에 편입돼 국제적 경쟁을 학습하고 있다.

중국을 한국보다 후진국으로 생각하든 말든, 중국을 배우든 말든, 중국이 한국보다 국제화가 덜 됐다고 생각하든 말든, 중국이 한국보다 덜 시장경제적이라고 생각하든 말든 선택은 자유다. 하지만 어떤 선택을 하느냐에 따라 한국의 미래는 크게 달라질 것이 틀림없다.

신장(新疆) 위구르자치구의 우루무치시에서 만난 한 택시 운전사의 말이 새롭다. 이 운전사는 필자를 태우고 중국 8위 부호인 쑨광씬(孫廣信) 신강광회실업투자(新疆廣匯實業投資) 총재의 그룹 본사로 가는 길에 이렇게 말했다.

"부자를 좋아하지는 않지만 싫어하지도 않는다. 부자가 부럽다. 나도 돈을 벌어 부자가 되고 싶다."

필자는 이 말에서 중국이 체제상 사회주의 국가임에도 불구하고 한국보다 덜 평균주의적일 뿐 아니라 더 자본주의적이란 느낌을 받았다.

이제 한국은 개인 차원이든, 기업 차원이든, 국가 차원이든, 중국을 다시 보고 새 판을 짜야 한다고 생각한다.

■ 부록: 2003년 ≪유로머니≫지 선정 '중국 100대 부호 순위'

* 자료출처: ≪유로머니≫지 산하 ≪아시아머니(*Asiamoney*)≫지의 발표 (2003년 10월 16일).
* 이 순위는 2002년까지 ≪포브스≫와의 계약으로 영국인 루퍼트 후거워프 (Rupert Hoogewerf)가 '중국부호 순위'를 조사한 것이다.
* 정치적 지위는 중국의 각종 자료를 참고했다.
* 인명은 중국어 소리에 한자를 병기했고, 기업명칭은 한글소리에 한자를 병기했다.

순위	이름	자산 (위안)	기업명칭	주요업종	출생 년도	출생지	정치적 신분
1	띵레이 (丁磊)	75억	망이(網易)	인터넷 포털사이트, 인터넷 게임, 휴대폰 문자서비스	1971	저장성	
2	롱쯔지엔 (榮智健)	70억	중신태부 (中信泰富)	민항, 인프라건설, 부동산개발, 전신	1942	장쑤성	
3	쉬롱마오 (許榮茂)	68억	세무집단 (世茂集團)	부동산개발	1950	푸젠성	
4	루관치우 (魯冠球)	54억	만향집단 (萬向集團)	자동차부품, 금융	1945	저장성	전국인민대표대회 대표
5	천리화 (陳麗華)	48억	홍콩부화국제집단(香港富華國際集團)	부동산개발, 자단박물관	1941	베이징	전국인민대표대회 대표
	류용하오 (劉永好)	48억	신희망집단 (新希望集團)	사료, 금융, 부동산개발, 유제품	1951	쓰촨성	전국정치협상회의위원, 전국공상련 부주석
	예리페이 (葉立培)	48억	중성집단 (仲盛集團)	부동산개발	1944	쓰촨성	
8	쑨광신 (孫廣信)	42억	신강광회실업투자(新疆廣匯實業投資)	부동산개발, 건축재료, 천연가스	1962	신장자치구	
9	류용싱 (劉永行)	41억	동방희망집단 (東方希望集團)	사료, 유색금속	1948	쓰촨성	
10	천티엔치아오 (陳天橋)	40억	성대망락 (盛大網絡)	인터넷게임	1973	저장성	
	주멍이 (朱孟依) 가족	40억	합생창전 (合生創展)	부동산개발	1959	광둥성	

순위	이름	자산(위안)	기업명칭	주요업종	출생년도	출생지	정치적 신분
12	저우지엔허(周建和)	35억	장승집단(庄勝集團)	부동산개발, 호텔, 무역	1963	후난성	
13	궈광창(郭廣昌)	32억	복성고과기집단(復星高科技集團)	부동산개발, 금속재료, 제약	1967	저장성	전국정치협상회의 위원
14	류한위안(劉漢元)	30억	통위집단(通威集團)	어류 사료, 어류양식	1964	쓰촨성	전국정치협상회의 위원
15	밍찐싱(明錦星)	26억	대중식품공고(大眾食品控股)	육제품	1958	산둥성	
	쉬밍(徐明)	26억	실덕집단(實德集團)	플라스틱 건축재료, 축구구단, 금융	1971	랴오닝성	
17	탕찐취앤(童錦泉)	25억	장봉집단(長峰集團)	부동산개발	1955	저장성	
	장인(張茵)	25억	미국중남공고(美國中南控股)	포장지, 종이상자	1957	광둥성	
19	리자오후이(李兆會)	24억	산서해흠강철집단(山西海鑫鋼鐵集團)	강철제품	1981	산시성	
20	런위리앙(任運良)	22억	화풍집단(華豊集團)	특수장비, 플라스틱 파이프, 부동산개발	1953	랴오닝성	
	선시아(沈霞)	22억	자강집단(紫江集團)	포장인쇄, 정밀제조, 부동산개발	1958	상하이	
	장차오양(張朝陽)	22억	수호공사(搜狐公司)	휴대폰 문자서비스, 인터넷게임, 포털사이트	1964	산시성	
	장용(張涌)	22억	임봉집단(林鳳集團)	발전소, 부동산개발	1966	신장자치구	
24	저우쩌롱(周澤榮)	20억	교흠집단(僑鑫集團)	부동산개발, 투자	1954	광둥성	
25	궈하오지(郭浩及)	19억	초대농업공고(超大農業控股)	유기농업	1955	푸젠성	
	탕완리(唐萬里) 형제	19억	덕융국제전략투자(德隆國際戰略投資)	투자, 금융	1956	신장자치구	
27	천찐페이(陳金飛)	18억	통산투자집단(通産投資集團)	부동산개발, 건축자재	1962	베이징	전국정치협상회의 위원
	천쮜시앤(陳卓賢) 형제	18억	아거락집단(雅居樂集團)	부동산개발	1966	광둥성	
	한궈롱(韓國龍) 가족	18억	관성집단(冠城集團)	부동산개발	1955	푸젠성	
	황광위(黃光裕)	18억	붕윤투자(鵬潤投資)	가구설비 소매, 부동산개발	1969	광둥성	
	타오신캉(陶新康)	18억	신고조집단(新高潮集團)	목재제품	1953	상하이	
	왕위소우(王玉鎖) 가족	18억	신오집단(新奧集團)	가스 기초설비 건설 및 가스공급, 부동산개발	1964	허베이성	전국인민대표대회 대표

순위	이름	자산 (위안)	기업명칭	주요업종	출생 년도	출생지	정치적 신분
27	우량띵 (吳良定) 가족	18억	중보집단 (中寶集團)	알루미늄 타이어 힐, 기계	1946	저장성	
	장위에 (張躍)	18억	원대공조집단 (遠大空調集團)	중앙공조식 에어컨	1960	후난성	
	쭈이차이 (祝義才)	18억	강소우윤집단 (江蘇雨潤集團)	육제품, 부동산개발	1964	안후이 성	
36	지앤잉하 이(剪英海)	17억	화보산업집단 (華普産業集團)	부동산개발, 소매업	1962	베이징	전국정치협 상회의 위원
	예웨이천 (葉韋辰)	17억	연합식품공고 (聯合食品控股)	육제품	1964	미상	
38	뤼시앙양 (呂向陽)	16억	융첩투자관리 집단(融捷投資 管理集團)	금융	1962	안후이 성	
	미언화 (米恩華)	16억	신강화능집단 (新疆華凌集團)	상품도매시장	1958	산둥성	
	미아오소 우량 (繆壽良)	16억	심천부원집단 (富源集團)	부동산개발, 가전, 쇼핑몰	1955	광둥성	
	쉬지아인 (許家印)	16억	항대집단 (恒大集團)	부동산개발	1958	허난성	
42	왕촨푸 (王傳福)	15.5억	비아적공사 (比亞迪公司)	충전용 건전지	1966	안후이 성	
43	따이쯔캉 (戴志康)	15억	증대집단 (證大集團)	부동산개발, 금융	1964	장쑤성	
	쾅후이쩐	15억	아주려업	알루미늄 제품	1955	광둥성	
	리용쥔 (李永軍) 형제	15억	희지랑집단 (喜之郎集團)	과일젤리 제품	1967	광둥성	
	량량성 (梁亮勝)	15억	사보집단 (絲寶集團)	샴푸, 여성 위생용품, 화장품	1951	광둥성	
	류껀산 (劉根山)	15억	무성집단 (茂盛集團)	인프라 건설, 부동산개발	1957	상하이	
	류사오시 (劉紹喜)	15억	의화집단 (宜華集團)	목제품, 부동산개발	1963	광둥성	전국인민대 표대회 대표
	루쯔치앙 (盧志强)	15억	범해집단 (泛海集團)	금융, 부동산개발	1952	산둥성	
	우빙신 (吳炳新)	15억	삼주집단 (三株集團)	건강 보조식품, 화장품	1938	산둥성	
	우잉 (吳鷹)	15억	UT사달강공사 (斯達康公司)	통신시스템 및 설비	1961	베이징	
	시아차오 지아 (夏朝嘉)	15억	화가집단 (禾嘉集團)	농업, 밸브 생산, 무역	1949	쓰촨성	
	주바오궈 (朱保國)	15억	심천태태약업 (太太藥業)	건강 보조식품, 제약	1961	허난성	

순위	이름	자산(위안)	기업명칭	주요업종	출생년도	출생지	정치적 신분
54	오우야핑 (歐亞平)	14억	백사달공고 (百仕達控股)	공공사업, 부동산개발	1962	후난성	
55	한쩐파 (韓眞發)	13억	길림정업집단 (吉林正業集團)	양돈 가공, 부동산개발	1953	지린성	
	리신이앤 (李新炎)	13억	중국용공집단 (中國龍工集團)	중형 건설차량	1951	푸젠성	
	량씬쥔 (梁信軍)	13억	복성고과기집단(復星高科技集團)	부동산개발, 철강재료, 제약	1968	저장성	
	선원롱 (沈文榮)	13억	강소사강집단 (江蘇沙鋼集團)	강철	1946	장쑤성	공산당 16차 당대회 대표, 전국인민대표대회 대표, 장지깡시 당위원회 부서기
	쑹웨이핑 (宋衛平)	13억	녹성집단 (綠城集團)	부동산개발, 교육	1957	저장성	
	장롱쿤 (張榮坤)	13억	복희투자공고 (福禧投資控股)	인프라건설, 투자	1971	장쑤성	상하이공상련 부주석
61	천지앤 (陳健)	12억	취우집단 (聚友集團)	케이블 TV 네트워크, 가구, 신발류	1962	쓰촨성	
	천웨이둥 (陳偉東)	12억	만기집단 (萬基集團)	건강 보조식품, 제약	1963	광둥성	
	쩡깡 (正剛)	12억	항주금강집단 (杭州錦工集團)	그린에너지, 방직	1953	저장성	
	뚜시아 (杜廈)	12억	천진가세계집단(天津家世界集團)	슈퍼마켓, 가구 연쇄점	1948	베이징	
	훠츠창 (藿熾昌)	12억	신중원집단 (新中源集團)	도자기, 알루미늄 재료	1963	광둥성	
	류한 (劉漢) 형제	12억	한용·굉달집단(漢龍·宏達集團)	투자, 부동산개발, 화공	1954	쓰촨성	
	류쭝티앤 (劉忠田)	12억	요녕충왕집단 (遙寧忠旺集團)	알루미늄 및 플라스틱 제품, 포장지, 도료	1964	랴오닝성	
	쓰찐시우 (施錦秀)	12억	금수집단 (錦秀集團)	화력발전	1957	산둥성	
	쑤쯔깡 (蘇志剛) 가족	12억	장융집단 (長隆集團)	여행, 악어 양식	1958	광둥성	전국인민대표대회 대표, 광둥성공상련 주석
	양쑤핑 (楊樹坪)	12억	성계집단 (城啓集團)	부동산개발	1958	광둥성	
	장레이 (張雷)	12억	당대집단 (當代集團)	부동산개발	1962	베이징	
	장리 (張力)	12억	부력지산집단 (富力地産集團)	부동산개발	1953	광둥성	

순위	이름	자산 (위안)	기업명칭	주요업종	출생 년도	출생지	정치적 신분
61	장량빈 (張良賓), 장빈 (張斌)	12억	사천입신투자 공사(四川立信 投資公司)	투자, IT 하드웨어, 발전소	1963, 1970	쓰촨성	
	장쯔팅 (張芝庭) 가족	12억	귀주신기집단 (貴州神奇集團)	중약, 호텔, 금융	1944	허난성	
	쭝칭허우 (宗慶後)	12억	왜합합집단 (娃哈哈集團)	음료, 아동복	1945	저장성	
76	후청쭝 (胡成中)	11억	덕력서집단 (德力西集團)	공업 전기설비, 부동산 건설	1961	저장성	
	황홍성 (黃宏生)	11억	창유수마 (創維數碼)	컬러TV, 디지털 설비	1956	하이난 성	
	로우쭝푸 (樓忠福)	11억	광하집단 (廣廈集團)	부동산개발, 건축	1954	저장성	
	스산린 (石山麟)	11억	창녕집단 (昌寧集團)	급수 시스템, 펌프 및 기중기	1945	지린성	전국정치협 상회의 위원
	장양 (張揚)	11억	국중공고 (國中控股)	환경보호 설비, 폐수처리 설 비	1963	상하이	
	저우리앤 쿠이(周連 奎) 형제	11억	대중식품공고 (大衆食品控股)	육제품	1960	산둥성	
82	장쯔시앙 (張志祥)	10.5억	건룡강철 (建龍鋼鐵)	강철	1967	저장성	
83	뚜안용핑 (段永平)	10억	보보고전자 (步步高電子)	투자, 전기제품	1961	장시성	
	펑광청 (馮光成)	10억	광우집단 (光宇集團)	유리, 시멘트	1951	저장성	
	꾸추쥔 (顧雛軍)	10억	격림가이공고 (格林柯爾控股)	냉동기, 냉장고	1959	장쑤성	
	궈지아슈 에(郭家學)	10억	동성집단 (東盛集團)	제약	1966	산시성	
	웨이지앤 쥔(魏建軍)	10억	장성기차집단 (長城汽車集團)	트럭	1964	허베이 성	
	쉬마오껀 (徐茂根)	10억	절강원동화섬 집단(浙江遠東 化纖集團)	화섬, 염색	1954	저장성	
	잔성다	10억	종예집단 (綜藝集團)	첨단기술부문 투자, 방직	1963	장쑤성	공산당 16차 당대회 대표
	저우이밍 (周益明)	10억	명륜집단 (明倫集團)	전자, 무역, 식품가공		저장성	
91	한원천 (韓文臣)	9.5억	보업집단 (寶業集團)	강철	1963	허베이 성	
	리싱하오 (李興浩)	9.5억	지고집단 (志高集團)	에어컨	1954	광둥성	
	린웨이시 웅(林偉雄)	9.5억	위웅집단 (偉雄集團)	건축자재, 공업용 전기기기	1954	광둥성	

순위	이름	자산 (위안)	기업명칭	주요업종	출생 년도	출생지	정치적 신분
91	스위에우 (史躍武)	9.5억	진흥집단 (振興集團)	알루미늄, 석탄, 발전소	1973	산시성	
	쑨훙빈 (孫宏斌)	9.5억	순치지산 (順馳地産)	부동산개발, 공공시설 관리	1963	산시성	
	왕양 (汪洋)	9.5억	신유집단 (新裕集團)	부동산개발, 인프라 건설	1964	베이징	
	인밍산 (尹明善)	9.5억	역범집단 (力帆集團)	엔진, 오토바이	1938	충칭	전국정치협상회의 위원, 충칭 공상련 주석
	장궈팡 (張國芳)	9.5억	국방집단 (國芳集團)	부동산개발, 소매업	1954	저장성	
	주어쭝선 (左宗申)	9.5억	종신집단 (宗申集團)	엔진, 오토바이	1953	상하이	
100	장훙웨이 (張宏偉)	9억	동방집단 (東方集團)	금융, 부동산개발, 슈퍼마켓 연쇄점	1955	헤이룽장성	전국정치협상회의 위원, 전국공상련 부주석

■ 저자 소개

배연해(裴然海)
1990~2004년 한국일보 기자
1998~1999년 타이완 정치대학 연수
2001년 정치대학 국제관계연구중심 객좌연구원.
2002년 상하이 복단대학 경제학부 고급연수생.
중국사회과학원 아시아·태평양연구소 방문학자
SBS문화재단 펠로우
현재 한국일보 국제부 기자
　　　중국경제연구회 회원
　　　서울디지털대학 중국학부 겸임교수
　　　사단법인 한중친선협회 고문
　　　중국 지린성 지린시 경제고문
저서: 『중국을 보는 눈』(2003년 1월)
이 메일: mrbaeyh@yahoo.co.kr

중국의 자본가들

ⓒ 배연해, 2004

지은이　｜　배연해
펴낸이　｜　김종수
펴낸곳　｜　도서출판 한울

편집책임　｜　최병현

초판 1쇄 인쇄　｜　2004년 2월 9일
초판 1쇄 발행　｜　2004년 2월 19일

주소　｜　413-832 파주시 교하읍 문발리 507-2(본사)
121-801 서울시 마포구 공덕동 105-90 서울빌딩 3층(서울 사무소)
전화　｜　영업 02-326-0095, 편집 02-336-6183
팩스　｜　02-333-7543
홈페이지　｜　www.hanulbooks.co.kr
등록　｜　1980년 3월 13일, 제406-2003-051호

Printed in Korea.
ISBN　89-460-3207-3 03320

* 가격은 겉표지에 표시되어 있습니다.